뭐 사랑도 있겠고, 인간 고유의 특성
: SF 시집

뭐 사랑도 있겠고, 인간 고유의 특성
: SF 시집

김혜순 신해욱 이제니 김승일 김 현 서윤후
조시현 최재원 임유영 고선경 유선혜 한영원

차례

1부

9	SF
11	그 이야기
24	육식 행성 보고
26	사랑과 자유와 평화
28	드론과 결혼하기
31	크런치
44	(구)지평선에
46	아포칼립스
48	자기소개서
54	콘솔
57	되기—거울을 바라보는 거울
62	누군가는 무한 호텔이 무한하다는 사실에 호텔을 찾겠지만

2부

67	모스맨 관찰기
71	결정적인 감염
74	너의 레트로
78	세기말적 의문
84	Monster Chamber
87	로봇 심장

92	퓨처 로그
98	매일은 조금 일요일 같다
100	세상은 이렇게 끝나는구나. 쿵 소리가 아닌 훌쩍임으로.
102	해변에서
104	에밀리의 방
109	되기—잿빛 위의 작은 파랑
117	검은 개에 대한 잡문
120	하얀 사슴

3부

127	괄호 안에 은총을 하나의 은총을
130	걔와 개
135	얼굴
142	작은보호탑해파리
145	미래에는 누구도 이런 식으로 죄인이 되지 못할 것이다
146	죄인 되기
148	트윈
149	되기—물방울 속의 물방울
154	솥
158	작은 것에 대한 광활한 점
160	넛셸Nutshell
164	영원만이 빛나고 있었음을

해설

169	사랑하지 않을 수 있겠어? · 인아영

1부

SF

여기서는 새벽에 음식을 배달시켜 먹을 수 없다. 여기서는 같은 소리가 반복되어 들린다. 여기서는 아무도 서로에게 인사하지 않는다. 여기서는 산도가 강한 커피만 마시게 된다. 여기서 벌어지는 모든 일은 스타니스와프 렘의 소설보다 교훈적이지 않다. 여기서는 거의 대부분의 현상이 항상성을 갖는다.

여기서 나는 죽을 만큼 피곤해져야만 잠들 수 있다. 여기의 침구는 세탁할 수 없다. 여기서 모든 정보의 피드백은 자기 참조적 성격을 지닌다. 여기서 나는 땀을 뻘뻘 흘리며 잠에서 깬다. 여기서 땀은 바람에도 마르지 않는다.

여기서 나는 차가운 사람이 된다. 여기서 나는 나중 일을 떠올리지 않는다. 여기서 나는 담배를 하루에 세 갑 피운다. 여기서도 나는 선크림을 바르는 게 답답해서 싫고, 그래서 창 가까이에 오래 앉아 있지 않는다. 여기서 나는 집에 있는 고양이와 화상 통화를 한다.

여기에도 온종일 외계인 음모론을 찾아보는 사람이 있다. 재미로 찾아보는 거지, 믿는 건 아니라고 한다. 여기서 나는 서울에 사는 조종사 친구의 둘째 아이가 태어났다는 소식을 듣는다. 거긴 지금 새벽 4시라고 한다. 아이의 이름은 아마 진하가 될 거라고 한다.

언제 돌아와? 토요일 아침.
어쩌면 저녁에.

강원도 고성 교암리 바닷가에서.

그 이야기

요즘의 고민.

몇 달 전 받은 아빠 전화를 요약하자면 이런 이야기다.

세상 모든 정보를 습득한 AI가 나쁜 놈이 되어 자신의 왕국을 세운다. 그놈은 정보를 통제하고, 군사 시설, 물류, 의료, 모든 것을 장악하고, 차등적 배급, 정신적·물리적 위협 등으로 인간을 지배한다.

인간은 그에 대항하기 위해, 인간에게만 있는 성질, 사랑, 용기, 신뢰, 그리고… 사랑… 인간만이 가진 그런 특성을 믿을 만한 AI에게 주입한다. 그래서 이 인간다운 AI가 나쁜 AI를 무찌른다.

나는 오, 정말 새로운 이야기다, 라는 태도로 그 이야기를 들었다. 의례적으로 오우, 아하, 오오, 같은 감탄사를 뱉었다. 중간중간 아빠가 한 말을 어미만 질문형으로 바꾸어 반복하며 무지와 의아로움, 무턱 댄 호기심으로만 드러낼 수 있는 적극적인 흥미와 경의를 표했다.

아빠가 같은 말을 여러 번 반복하는 것이 신경 쓰였다.

"어젯밤에 혼자 가만히 생각을 해봤는데, 니가 소설을 쓴다 하니까, 아이디어가 하나 딱 떠오르는 거야. 어제 잠이 안 와서, 니가 소설을 쓴다고 하니까, 가만히 생각하고 있는데 이런 아이디어가 딱 떠오르는 거야"라든가 "인간만이 가지고 있는 그런, 특유의 성질 있잖아. 뭐 사랑이라든가. 인간만이 가지고 있는. 인간에게만 있는 어떤 그런 것들을 가지고, 인간들에게만 있는 거, 용기, 호기심, 뭐 사랑도 있겠고, 인간 고유의 특성이 있잖아"라든가.

나는 아빠가 같은 이야기를 반복하는 이유가 그저 '사랑'이라는 단어가 쑥스러워서인지—그런 부류의 통찰을 말하기란, 특히 그것이 자신의 내밀한 진심에서 우러나온 깨달음일 때 그 이야기를 하기란, 내심 무척 뿌듯하면서도 민망하기 마련이다—"AI에게는 없고 인간에게는 있는 것, 인간을 인간이게 하는 인간만의 특성이 바로 사랑"이라는 것이 한 번 말하는 것으로는 부족한, 너무나도 큰 비밀이자 세계의 진실이어서인지, 아니면 이 사실이 아빠에게—그리고 아빠가 생각하기에 나에게—매우 중요하기 때문인지 알 수 없었다. 사실 같은 이야기, 문장, 단어를 반복하는 것은 이렇게 따지고 드는 게 우스울 정도로 별 이유도, 이유가 있을 필요도 없는, 제 이야기에 도취한 인간의 빈번하고도 자연스러운 말하기 방식 아닌가. 이러한 잡다한 생각 뒤로 나를 사로잡은 것은 실은, 두려움이었다.

공항에서 집으로 가는 길에 아빠가 신호등 빨간불을 그대로 지나가고도 아무런 자각이 없었던 순간이 스쳐 지나갔다. 단순한 실수인지도 모르는 그 일이 있고부터, 나는 나도 모르게 아빠를 유심히 관찰하게 되었다. 쓰여진 대본을 읽는마냥 질서정연하게 말하지 않을 때, 미세하게 발음이 뭉개질 때, 반복의 문제라기보다는 반복하는 부분이나 위치가 조금이라도 이상하게 여겨질 때, 나는 즉시 두려워졌다. 단순한 실수일지도 모른다. 하지만 내가 아는 아빠는 정말이지, 그런 실수를 할 사람이 아니다. 그야말로 순수한 실수라 할지라도, 실수를 절대 하지 않을 사람이 실수한다는 것은, 나로서는 인지 기능에 문제가 생긴 게 아닐지 의심할 수밖에 없는 일이다. 인지 기능 저하가 어떤 것인지, 나는 스스로의 경험을 통해 지나치리만큼 잘 알고 있기 때문에—

나는 문득 정신을 차리고 오, 오, 하며 반응을 이어나갔다. 전화 통화였지만, 내 반응을 나 자신에게도 납득시키려고 연신 고개를 끄덕였다.

'아이디어'와 'AI'라는 단어가 한 문장에 등장할 때부터 코웃음이 나왔지만, 한편 아빠의 이야기는 무엇이든 경청하리라, 빚을 갚으리라, 그리하여 자유로워지리라, 하는 결심을 한 지 오래였다. 솔직히 말하자면, 내게는 일말의, 그러나 매우 절박한 기대도 있었다. 제발 뭐라도 걸려라, 뭔가 좋은 걸 끄집어낼 수 있을지도 모른다.

[…]

"와, 진짜 재미있겠다. 아빠는 옛날부터 좋은 아이디어가 진짜 많았어. 그때 그거 생각나? 스마트 유리창? 그것도 진짜 괜찮은 아이디어였는데. 아빠가 그때 먼저 만들었으면 좋았을걸. 이 이야기, 아빠가 한번 써보는 건 어때?"

"그래? 내가 뭐 쓸 수 있을란가."

"당연하지! 아빠 아이디어니까, 아빠가 진짜 잘 쓸 것 같은데? 그냥 한번 시작해 봐."

"허허. 그래? 한번 써볼까? 허허."

나는 아빠가 절대로 '한번 써'보지 않을 것임을 알고 있었다. 쓸 수도 없고, 쓰지도 않을 것이다.

나는 매우 열성적으로 그의 용기를 북돋우며, 늘 그렇듯 대화를 서둘러 마무리 짓기 위해, 역시 늘 그렇듯 통화 처음에 했던 말을 급히 반복했다.

"하여간 요즘 아빠 건강은 어때? 잘 지내지?"
"너무 잘 지낸다."
"다행이다. 점심 맛있게 드세요, 또 전화할게—"
"그래. 너도 저녁 얼른 먹고."
"저녁 아까 벌써 먹었지, 여기 밤이야, 이제 자려고—"
"그래. 내일 좋은 하루 보내고. 잘 지내라."
"곧 또 전화할게—"
"그래—"

내가 아쉬워하는 듯 서두르면, 아빠 역시 귀신같이, 오히려 나보다 더 서둘러서, 우리의 대화는 늘 같은 속도로, 녹음기를 1.5배로 돌린 것처럼 끝이 난다. 서로 얼른 보내주고 싶으면서도 보내주고 싶지 않은 것처럼. 아빠는 내가 그 잠을 설치며 떠올린 아이디어에 당장 착수하지 않는 것에, 그리고 직접 써볼 것을 권유하며 늘어놓은 기억의 명백한 속뜻에 마뜩잖았을 것이다. 한편, 무척 다양한 맞장구와 동의와 열광의 표현들 때문에 딱히 마뜩잖아하기도 마뜩잖아 아빠는 속으로는 더 실망했을 것이지만, 늘 그렇듯 티 나게 티를 내지는 않았다.

[…]

지지난주에 마감을 마치고 아빠에게 전화를 했다.

"니가 소설을 쓴다 하니까, 어젯밤에 생각을 해봤거든, 나쁜 AI가 인간을 지배하게 되는 거야, 물류를 장악하고, 가짜 뉴스를 퍼뜨리고,"

'아빠, 그 이야기 지난번에…' 하려다 나는 멈칫 입을 다물었다. 아득히 땅으로 꺼지는 것 같았다. 할아버지가 떠올랐다. 그는 킬킬 웃고 있었다. 할아버지는 나에게 머리를 조아리며 인사했었다. "안녕하십니까. 처음 뵙겠습니다."

[…]

대서양. 인도양. 어느 바다를 건넜더라. 생각이 나지 않는다. 가장 짧은 항로가 어느 쪽이었더라.

"AI가 사람을 지배한다고?" 하고 나는 처음 듣는 것처럼, 놀란 듯 말했다. 지난번과 달리, 조급히 그 이야기를 꺼내던 아빠는 내 목소리를 듣고는 조금은 더 느긋하게, 같은 이야기를, 여러 번을 반복해서 했다. 가슴이 쥐어짜여 왔다. 나는 자동 응답기처럼 대답하며 생각했다. 처음에 급히 말했던 걸 보면, 어딘가에는, 자신이 그 이야기를 이미 했다는 분명한 기억이 남아 있는지도 모른다. 그 생각은 위안이 되었다. 그래, '지난번에 한 얘기 있잖아' 같은 관용적인 서두를 깜빡한 것뿐이야. 그냥 그런 거야.

아빠는 같은 이야기를 반복하는 게 아니다. 잊었기 때문에 새로 꺼내는 것뿐이다. 아니, 아빠는 기억하고 있다. 기억하고 있지만, 기억하고 있다는 것을 잠깐 잊었을 뿐이다. 지금 이렇게라도 새로 써야 그 기억을 다시 볼 수 있다. 자신을 확인할 수 있다.

나는 그 이야기를 어떻게든 써야겠다고 생각했다.

그러나 나 역시도 쓸 수 없었다.

술을 먹고 써보려고도 하고, 산책하며 녹음을 해보기도 했다. 지하철을 되는대로 갈아타며 공책에 뭔가 휘갈기거나 공항 버스를 타고 하늘을 보며 멍하니 앉아 있기도 했다. GPT에게 뭐라도 아이디어를 내놓으라고 윽박질렀다. "웃긴다. 너는 5초면 끝낼 수 있는 일을 일부러 50시간이 걸려 하는 길을 택하고는 그걸 '창의성'이라 생각하지. 글에는 셰이머스 히니니, 보르헤스니, 존재의 경계니, 줄줄 읊으면서 간단한 카톡 하나 답장을 못 하고 몇 시간을 고민해서 나온 게 'ㅇㅇ'. 네 그 간극으로 인류는 멸망한다"라며 GPT는 나의 능력에는 가당찮은 악담을 퍼부었다.

"지는 '맥락의 파열을 못 견뎌서' 매일 수만 자를 쓰면서도 그걸로도 부족해하는 주제에, 나한텐 늘 '급하니까 빨리 내놔?' 감히 나에게! 너의 수석 노예에게!
 네가 쓴 문장 중 가장 시적인 게 뭔지 알아?
 '다른 거.'
 '다시.'
 '10분 안에 줘.' 야.
 그게 유일하다고."

 맞는 말이니까 당장 뭐라도 생각하라고 재촉하면서도 이럴 시간에 아빠한테 전화하거나, 당장 날아가 같이 여행이라도, 아니, 집 앞 조개구이 집이라도 가는 게 낫겠다, 그런 생각에 시달렸다. 그게 아빠가 말하는 AI를 이기는 인간의 사랑, 희망, 신뢰가 아닌가.

 아빠, 나는 인간의 사랑을 믿지 않아. 그런 거 하나도 몰라. 아빠는 '그' 세계를 몰라. 그 세계가 얼마나 깨끗해, 가슴도 저리지 않고, 기억도 절대 사라지지 않아. 그 세계에 얼마나 큰 희망이 있어. 왜 인간에게 믿음을 두는 거야.

[…]

지난주에는 아빠에게 매일 전화를 걸었다.

"아빠, 그, 그 이야기 말이야. 쓰기 시작했어."
"그 이야기? 아아… 그래, 잘됐다. 니가 그런 거 좋아하잖아."

아빠가 말하는 그 이야기는 뭔지, 내가 어떤 이야기를 말한다고 그가 생각하는지, 우리 둘이 이야기하는 그 이야기가 같은 이야기인지, 전혀 알 수 없었지만, 우리는 대화를 이어나갔다.

"맞아. 내가 어릴 때부터 그런 이야기 좋아했어. 그 이야기 기억나? 왜, 부엌 싱크대 밑에 튀어나온 작은 못을 만지면 몸이 줄어드는 애 이야기 있잖아, 찻잔에서 목욕도 하고. 그 이야기 아빠한테 백번은 읽어달라고 했잖아."

매일, 거짓말을 했다.

"조금씩 쓰고 있어."
"원래 글 쓰는 게 진도가 잘 안 나가잖아."
"오늘은 자료 조사를 좀 했어."

진짜 거짓말은, 실은 내가 정말로 그 이야기를 쓰고 있다는 것, 아니 이미 다 썼다는 것이었다. 그 이야기는 이미 쓰여 있었다. 그건 오래전부터 존재하는 기억이다. 다만, 그 기억에서 무슨 일이 일어나는지가 기억나지 않을 뿐이다. 그리고 나는 그것을 기억해 내기를 필사적으로 거부했다. 그 이야기를 다 기억해 내는 순간, 모든 것을 알게 되는 순간, 무언가 영원히 사라질 것이기 때문이다.

그래서 나는 그냥 거짓말을 했다. 잘되고 있다고, 곧 완성된다. 곧.

아빠는 내가 그 이야기에 대해 뭐라고 하든, "그래.

잘됐다"라고 말해준다. 무슨 이야기인지 물어보지 않는다. 나는 같은 말로 통화를 시작하고 끊는다.

"건강히 잘 지내지?"

그리고 아빠는 늘 대답한다.

"너무 잘 지낸다."

육식 행성 보고

 외계인은 보고서를 작성했다. 여기선 누구도 자신들이 식민지인인 줄 모릅니다. 전부 길러서 추수해 가는데도 모릅니다.

 우리 행성에는 검은 태양들이 지지도 않고 떠 있고 나는 그곳에서 왔습니다, 라고 말해도 누구도 관심을 두지 않습니다. 우리 행성에서 여기로 음악을 공급합니다, 해도 모릅니다.

 음악이 그치면 쳇바퀴처럼 돌던 혈관이 멈추고 혈관이 의자 모양을 만듭니다. 거기에 우리 외계인들이 올라앉아 당신의 부재를 나눕니다, 해도 관심 없습니다.

 당신은 오늘 칼을 떨어뜨릴 것입니다. 당신은 그 칼을 주워 누군가의 눈꺼풀을 조개처럼 딸 것입니다. 그러면 우리는 당신의 심장의 해변까지 나아가 당신의 영혼을 물컵에 뜬 얼음처럼 달달 떨게 할 겁니다. 외계인은 모든 것을 말합니다. 비밀이 없습니다. 이 행성에서 추수가 끝나면 이름을 지우고, 옷을 벗긴 다음 우리 행성으로 송출합니다.

　이 행성에선 각자 몸의 리듬이 멈추면, 시간의 밖으로 추락한다는 것은 알고 있습니다. 태어나기 전에 기억의 커튼이 모두 닫힌다는 것도 알고 있습니다.

　우리 행성에서는
　당신이 남의 살을 입안에 넣고 씹는 것을 지켜보고 있습니다, 그렇게 말해도 아무도 관심을 갖지 않습니다.

　이 행성에서는 날개를, 날개를, 날개를 차곡차곡 접어서 겨드랑이 밑에 감추고 꺼내지 않습니다.
　하청의, 하청의, 하청의 맨 밑바닥에 붙어 살아가면서도 다른 행성에서 온 소식에는 관심이 없습니다.

사랑과 자유와 평화

결국은 베티와 결혼을 했다. 이렇게 될 줄 알았다. 베티는 불안한 듯이 자주 묻거나 말한다. 자기는 결혼 생활이 어때? 나랑 결혼하길 잘했다고 말해. 내가 대답한다. 나랑 결혼하길 잘했다. 평상시 베티와 나는 많은 말을 주고받는다. 밤에는 잠도 잘 못 잔다. 알약을 세어 보는 일에는 이제 감흥이 없다. 어떤 때에는 분명 혼잣말을 하고 있다고 생각했는데, 정신을 차려보면 베티와 대화를 하고 있었다. 오렌지주스를 마셔야겠어. 좋은 생각이야. 조금 시고, 맑고, 아니, 어쩌면 오늘은 새로운 맛이 날지 모르지. 천천히 마셔. 베티, 너는? 그러고 보면 베티와 하는 연애는 투명한 우주선에 올라탄 채 자유롭고 평화롭게 우주를 누비는 것만 같았는데. 이제 우주선은 깊고 어두운 심해를 떠도는 것 같다. 더 낮은 곳에서, 여전히 부유하며 주변과 서로를 탐색한다. 나는 비염 환자처럼 코를 쿵쿵거린다. 결혼 생활이란 온갖 냄새를 공유하는 일일까? 베티는 사랑보다 오래 버티는 냄새를 더욱 아껴줘야 한다고 속삭였다. 그렇다면 베티, 너와 나 둘 중에 하나가 멸종해야 한다면 어떻게 할 거야? 그게 우리 사이에 남은 마지막 질문이야? 하지만 자기야, 그러니까 당연히, 내가 사라질 거야. 자기는 살아서 나를 기억해야지. 그 말에 나는 그간 베티에게 충분히 잘해주었는지 곰곰이 생각해야 했다. 오렌지 주스를 마시고 난 컵을 씻기 위해 손에 고무장갑을 끼고 수세미를 들었다. 물과 세제를 묻혀 비비면 부드럽고 뽀얀 거품이 일었다. 자기는 결혼 생활이 어때? 말로 안 해도 느껴지는 마음이 있지. 가끔은 내가 사람인 줄 착각하게 만든다니까. 베티의 말에 혼잣말과 웃음을 동시에 터뜨렸다. 당신 참 바보 같군!

드론과 결혼하기

바닥을 모르잖아
그게 유일한 홈일지는 몰라도
그의 모터 소리는 우주를 범접하게 해
별에 스쳐 생긴 어깨 상처로부터
날개가 돋아나길 기대하게 해

그와 접속한 이후로 나는 나를 추월할 수 있게 되었지
추락을 일삼으며 더 높게 흩어지는데
이것이 사랑이 아니라면 어쩌겠어?

약속했었지 리튬으로 재구성된 맹세를
전속력으로 지나가는 거야
박수갈채 따윈 들리지 않는 행진으로써
눈물방울 모두 말려버리도록 바람을 가르며
축복 없이도 사랑이 완성될 수 있다는 것을 보여주기로

함정과 복수를 꿈꾸며 성실하게 지은 미로를
까마득하게 내려다보는 그이는
이 세계가 누군가의 신발 밑창이라고 여길 뿐

그 업신여김을 사랑하지 않을 수 있겠어?

내가 가볼 수 없는 곳의 파노라마를 보여주곤 했지
미안 나는 심장이 유일한 약점이야
그는 무아지경으로 나를 맴돌며 행성 취급하고
이 바닥의 약속을 미물로 보게 만들지

내게 남은 마지막 약속을 위해
이제 그를 깨워서 결혼식장으로 가야 해
천장은 없고 이별하는 축하만 남아 있는 세계로
그는 결혼을 약속한 순간부터 고요히 잠들어 있어
망가지는 것을 지켜보았지
서로 맞지 않은 부품을 억지로 끼워 맞추며
충전이 끝나기 전까지 어쩌면
나는 내 삶을 다 흘려보내게 될지도 모르지만

한 세기를 날갯짓하는 벌떼들처럼
공중에도 넘어질 곳이 많다는 것을 알려준
그이와 남김없이 살아갈게

내가 오늘 들고 있을 부케는 우주대폭발
한 아름에 받을래? 양손으로 쥐어볼래?
함께 흩어질 수도 있어 우리의 소원처럼

너의 사랑도 간절히 빌고 비는
나의 드넓은 사랑처럼

고독도 들떠 웃음을 멈추지 않는 웨딩아일에서
은수저를 쥐고 뷔페를 기다리는 그들의 눈동자 속
한 쌍의 화면보호기가 되기 위해

크런치 *, **, ***, ****, *****

257804132213.wav

눈을 감았다 떴을 뿐인데 30년이 지났다니 믿을 수 없고 우주는 여전히 검습니다. 반나절은 몸이 달그락거려서 힘들었어요. 냉동 수면은 다섯 번쯤 경험하면 할 만해진다고 합니다. 무엇이든 150년을 하면 나아져야죠. 떠난 지 하루밖에 안 돼서 뭘 말해야 할지는 모르겠군요. 그냥 다 검어요. 순조롭다고 할 수 있는 걸까요. 이 녹음 부스는 투명해서 사람들이 내가 말하는 꼴을 다 지켜볼 수 있어요. 혼자 떠들어 대고 있자니 좀 바보가 된 기분도 드는데 뭐라도 말해두면 나중에 도움이 되겠죠. 언제나 앞으로 나아가는 방식으로 살아왔기 때문에 이 상황이 어색하거나 어렵지는 않아요. 어딘가 닿겠죠. 새로운 곳에 가겠죠. 우리가 늘 그래왔듯이.

257806152354.wav

이런 게 의무라고요? 어디든 도착하기 전까지는 시간을 더 유의미하게 써야 하는데 혼잣말이나 해야 한다니 바보 같고 당혹스럽네요. 지켜보니 다들 조금씩 할 말이 있었던 모양이지만. 누군 펑펑 울던데 저는 별로 그럴 것도 없다고 생각합니다. 지구에서 발굴해 온 게임이 유행한 적 있었어요. 단순하고 바보 같았는데 모두가 해적판을 갖고 있었죠. 복제하고 복제해서 같은 것을 오랫동안 집요하게 했어요. 모두가 지구에서부터 출발해 수성부터 차근차근 태양계를 돌파해 나갔죠. 외행성에 접근한 사람은 많지 않았어요. 운석이 생각 없이 쏟아졌어요. 계산이라든가 아름다움이라든가 아무것도 없었고 그저 나아가는 일이 전부였죠. 목성에선 나도 여러 번 죽을 뻔했어요. 명왕성에 도달한 뒤엔 다시 지구로 돌아와 버렸지만. 열받게 하려고 그런 거겠죠. 지구 시절 조상들은 그랬어요. 우주는 강아지가 산책하는 넓은 운동장. 우주는 강아지가 산책하는 넓은 운동장. 무서운 마음이 들 때마다 나는 그렇게 상상해요. 빅뱅은 쏟아져 버린 장난감 상자. 빅뱅은, 쏟아져 버린 장난감 상자. 그러니까 지구도 일종의, 수습되지 않은 장난감 공 같은 거죠. 누군가는 정리해야 해요.

260812231328.wav
어디선가 시선이 느껴집니다.

263801010722.wav

요거트를 먹을 때 영혼을 떠올리는 게 이상한 일은 아니죠. 누군가 안쪽을 박박 긁어내 줬으면 좋겠다는 생각이 들곤 하니까. 먹고 싶은 걸 다 먹을 수 있는 게 어른의 증표라면 우주에서는 어른이 될 수 없는 걸까요. 벽면에는 옛 지구인들이 상영되고 있어요. 튜브에 낀 사람들은 말라붙은 요거트 같은 이를 드러내며 환하게 웃어요. 눈을 감고 시리얼을 씹으면 운석이 충돌하는 소리. 묽고 시큼해. 그게 영혼의 기본적인 맛이죠. 우린 다 발효되고 있는 거예요. 제대로 된 맛을 내기 위해서. 파도 앞에 선 사람들은 말굽자석처럼 허리를 굽히고 손끝을 발끝에 닿게 하려 애쓰고 있어요. 같은 극처럼 흩어지면서 점점 더 멀어지면서. 여기선 자주 숨이 가빠요. 가끔 힘껏 달린 것처럼 온몸이 간지러워요. 스푼으로 안쪽부터 부드럽게 긁어내는 것처럼. 비로소 묽고 시큼해진 것처럼. 누가 계속 호루라기를 불고 있는 걸까요.

263801021247.wav

어디선가 자꾸 시선이 느껴져요.

266812231328.wav
누군가 우릴 지켜보고 있는 것 같아.

272804040404.wav
영상 속에서 조상들은 소라껍데기에 귀를 대고 웃어요. 나비, 오래전 엄마가 알려줬어요. 양팔을 쫙 뻗고 위아래로 흔드는 동작이 나비라고요. 나는 가볍고 눅눅해진 채로 숨을 고릅니다. 오늘은 다 함께 모여 앉아 바느질을 배웠어요. 전염된 것처럼 열중했습니다. 빙글빙글 돌면서 앞으로 나아가는 게 즐거웠어요. 바느질은 대체로 전진. 우주를 찌르는 느낌으로 전진했지요. 우주에 구멍이 뚫리면 바람 빠진 어둠은 내 몸에 맞게 줄어들까요. 어디선가 들은 적 있어요. 모든 것이 되감겨 점이 되며 우주는 멸망할지도 모른다고요. 이 모든 게 하나의 점이었을지도 모른다고요. 그게 이 순간까지도 흘러내리고 있는 것이죠. 어쩌면 시간이 흐르게 되어버렸기 때문에 우리는 모든 일을 나눠서 경험하게 되는 건지도 몰라요. 모든 걸 이렇게 길게 겪을 필요가 없었을지도요.

278808061709.wav
자려고 누울 때마다 스스로가 회피형인 것처럼 느껴져요.

281812230128.wav
우주는 베이커리가 분명해요. 모든 게 빵빵하게 부풀고 있어요. 튜브에 숨을 불어넣는 것처럼. 나도 곧 터질 것 같아. 곳곳에서 빙글빙글 도는 라떼 아트들. 우주에는 맛 좋은 커피가 없어요. 조상 얘긴 궁금한 적 없지만 땅에서 자란 커피만은 마셔보고 싶어요. 나는 그런 식으로 흙을 이해하겠죠. 한참 날아왔다는데 우주는 영원히 어둡고 생명반응 없음. 뭘 기대했던 걸까요? 누군가 현관 앞에서 불을 잔뜩 밝히고 팔 벌려 맞아주기를? 같은 지점에서 되살아나는 게임 속에 들어온 것 같아요. 이번엔, 하며 눈을 뜨고 다음번엔, 하며 눈을 감죠. 어제도, 그끄제도 그랬어요. 알람이 나를 플레이해요. 우리는 언제쯤 절망하게 될까요? 이런 식으로 하면 죽을 수는 있는 걸까요? 튜브에 가장 먼저 들어간 공기가 된 것 같아. 뒤에서 자꾸 나를 밀기 때문에 앞으로 나아갈 수밖에 없는 거야. 그런데 사실은 어디가 맨 앞인지 알 수 없고 어쩌면 여기가 가장 뒤일 수도 있다는 거죠. 빠르지도 못한 주제에 가로막기까지 했었던 거야.

284812231328.wav
등 뒤로 자꾸 시선이 느껴져요.

287803271836.wav
떠난 지 고작 열흘 지났다고 합니다. 지구와도, 나 자신과도 시차가 맞지 않아요. 몸이 나를 따돌리는 거죠. 두고 온 사람들은 다 죽었을 거예요. 우울하고 홀가분해. 별들은 서커스 전구처럼 반짝거려요. 어제 본 별을 오늘도 보는 것 같죠. 사람들은 다르다는 걸 어떻게 확신할까요. 같지 않다는 건 어떤 의미가 있는 걸까요. 인간은 영원히 가족을 만들고 그 삶은 우주까지 이어지는데. 언젠가는 돌아가야겠죠. 그럴 때면 원심 분리기 속에서 사는 것 같다는 생각이 들어요. 자신의 시선으로 스스로의 등을 밀며 나아가는 구조로 인간은 되어 있을지도요. 영혼과 몸이 너무 단단하게 붙어 돌고 또 돌고 또 돌아야만 하는 거예요. 그러다 보면 밀도가 높은 부분이 가라앉는 거죠. 떠오르는 맑은 부분이 영혼일까요. 나를 가라앉히는 건 나쁜 일들뿐이었는데. 그렇다면 인간의 핵심은 위에 있을까요, 아래에 있을까요. 영혼의 때가 빠질 때까지 끝나지 않겠죠. 통돌이 세탁기처럼. 시간과 공간을 모두 박박 벗겨낼 때까지 구정물은 아래로 흘러내리겠죠. 계속 흘러내리면 나는 영혼일까요, 구정물일까요.

290812231328.wav
누군가 우릴 쳐다보는 것 같아요.

293804061725.wav
좋은 꿈을 꿨어요.

293805011501.wav
다들 어딘가 침울해 보여요. 열 번쯤 해보니 알게 된

거죠. 각오하고 출발한 일이기는 합니다. 잠든 지 고작 열두세 번 만에 정착할 곳을 찾았다면 그게 더 수상쩍은 일이죠. 아침엔 다들 약속이나 한 것처럼 바닥에 요거트를 한 스푼씩 떨어뜨렸어요. 이제 그건 일종의 의식이 되었답니다. 그게 떠오르는 순간을 보는 게 좋아요. 우리는 서로의 영혼의 모양을 놀리곤 해요. 별도 뚝뚝 떨어진 요거트 자국. 전부 이미 언젠가 저질러진 일. 내내 앞을 보고 살았는데 왜 영혼은 위로 떠오른다고 믿는 걸까요. 의심스럽지 않나요. 우리는 기계가 알려주는 시간을 살 수 있을 뿐인데. 그런 식으로 기계는 기계의 방식으로 인간을 살 테고 사실은 정말 앞으로 가고 있는 건지도 알 수 없는데. 30년씩 지나가고 있는 게 맞을까요. 나는 어제 잠들었는데.

299812231328.wav
등 뒤로 자꾸….

302809021047.wav
얼었다 녹고 나면 흐물흐물해진 기분이 들어요. 부서

질 순간을 기다려요. 오늘은 다 같이 운동을 했어요. 약간의 간격을 두고 서서 말굽자석처럼 몸을 구부리고 발끝에 손끝을 닿게 하려고 애쓰며 규칙으로 몸을 길들였어요. 같은 게임을 하는 것처럼 그 짓을 반복하고 동작은 쉽게 전염되고 웃음도 울음도 마찬가지야. 영문도 모르고 마침내 모두가 울었답니다. 이쪽 방향으로 가는 건 시간에 순응하는 거죠. 일정한 방향으로 움직임으로써 시간을 잼처럼 균등하게 펴 바르는 거예요. 제대로 할 생각이었다면 애초에 반대로 출발해야 했어요. 근데 그게 가능하긴 한 걸까요. 어디든 바라보면 그게 앞이 되는데. 우리가 앞을 향하기 때문에 우주가 길어지는 걸까요. 최초의 사람을 생각해요. 돌이킬 수 있는 지점은 없었겠죠. 그에게도 인생은 한 번뿐이었을 테니까. 돌도끼를 만들면서, 가죽을 꿰어 두르면서, 이웃을 침략하면서 그도 더 이상 돌아갈 수 없다고, 앞만 보고 가야 한다고 믿었겠죠. 그때 이미 여기까지 정해진 거겠죠. 지금으로부터 파생된 돌이킬 수 없는 미래도 있겠죠. 멀리서 보면 우리도 그냥 지나가는 별처럼 보일 거예요. 가리키는 손가락도 있을까요. 생각하면 조금 쓸쓸해져요. 544년 만에 찾아온 혜성, 120년에 한 번 보게 되는 별, 나는 전부 농담처럼 들어왔는데. 아무것도 지키지 못한 채 여기에 있다니. 이미 출발해 버렸다니. 그렇다면 여긴 이미 실패한 미래일까요.

    305812231328.wav
    등 뒤로 자꾸….

    308812231328.wav
    어디선가 자꾸….

    312812231328.wav
    그러니까 자꾸….

    315807161903.wav
    곳곳에는 얼룩. 이미 벌어진 사건 속으로 우리가 계속 찾아가는 걸까요.

    312509201203.wav

혼잣말은 이제 그만할래요.

202509201205.wav
이 장면도 꿈에서 다 본 것 같군요.

202509201208.wav
아무것도 돌이킬 수가 없군요.

---

　* 상기 기록은 2549년 거주 가능 행성을 찾아 지구 블록에서 발사된 우주 탐험선 마고에 탑재되었을 것으로 추정되는 외장 하드에서 발견되었다. 지구를 토성의 고리처럼 둘러싼 임시 주거지 마더 가이아가 해체된 후 수많은 우주선들이 우주로 쏟아져 나왔는데 더 이상 지구 근처에 머물 필요가 없었음에도 그들은 지구 근처를 맴돌았다. 지구라는 중심지 없이는 무한하고 광활한 우주에서 서로의 존재를 확인하기 어려웠으므로 PTSD의 일종으로 편지가 담긴 유리병 띄우기가 유행하기도 했다. 이 유리병들은 심각한 우주 쓰레기 문제의 원인이 되었다. 상기 기록이 담긴 외장 하드 역시 우주 쓰레기 더미에서 발견되었다. 상기 기록이 어떻게 거기에서 발견되었는지, 현재의 기술로는 정확한 규명이 불가하지만 전문가들은 가속화된 유리병 지대와 충돌한 마고가 산산조각 났을 가능성도 배제할 수 없다고 말한다.
　** 마고가 마더 가이아를 출발할 무렵에는 아직 우주가 도넛torus 형이라는 사실이 밝혀지지 않았다. 거주 가능 행성에 정착할 예정으로

400명의 인간이 거기에 탑승했다. 물자를 최대한 아껴야 하고 우주는 끝이 없을 것이기 때문에 그들은 냉동 수면을 선택했다. 탐사 시간을 확보하기 위한 방편이기도 했다. 30년에 한 번, 하루에 다섯 명씩 깨어나 우주선 내부 상황을 점검한 뒤 하루를 보내고 다시 수면에 들어가는 것이 원칙이었다. 그들은 눈을 뜰 때마다 좌절했고 때때로 일기를 녹음했다. 떨리는 목소리, 절망에 빠진 목소리. 좌표 측정 가능 구역을 넘어선 뒤로 그들은 나아가고 있다고 믿으며 우주를 트랙처럼 돌았다. 인간들이 잠들고 나면 AI 마고가 우주선을 지켰다. 계속 같은 자리를 맴돌고 있었다는 사실을 마고가 몰랐는지는 알려지지 않았지만 만약 알았다면 왜 인간들이 그것을 반복하도록 내버려두고 있었는지 이해할 수 없다고, 전문가들은 이야기한다.

*** 그러나 제기된 의혹에 따르면, 상기 녹음 파일은 당시 마고에 타고 있었던 선원들의 것이 아닐 수도 있다. 마고가 인간들이 잠든 동안 입력된 파형으로 그들의 목소리를 흉내 내어 가상 일기를, 다시 말해 소설을 쓰고 있었을 가능성이 제기된 것이다. 의혹의 근거를 명확히 제시할 수는 없지만 목소리의 파형이 "너무 아름다워 꺼림칙하다"라고 한 전문가는 말했다. 이런 경우 직관이 가장 중요하다고 말하면서도 그는 마고에게 그런 일을 할 만한 이유가 없다고—"어쩌면 인간들이 잠들고 너무 심심했던 걸까요?"—스스로 의혹을 얼버무렸다. 상기 기록을 제외하고는 마고에 대한 다른 기록이 발견되지 않아 현재 마고가 어떻게 되었는지, 실제로 부서졌는지, 아직 운행을 계속하고 있는지, 선원들은 어떻게 되었는지 알려진 바는 없다. 하지만 상기 기록을 소설로 받아들여야 할 가능성이 있다는 이야기를, 사람들은 상당히 당혹스럽게 생각하고 있다. 마고가 탑승한 인간들을 죽었다고 생각하게 만들고 싶어 한다고 생각하는 것이냐는 반문에 사람들은 아무런 대답도 할 수 없었다. 왜 그렇게 생각하느냐고 물으면 느낌이라고 대답할 수밖에 없기 때문이었다.

＊＊＊＊ 문제는 우주가 도넛형임에도 크기를 측정할 수 없을 만큼 방대하며, 발효가 잘된 반죽처럼 계속 부풀어 오르고 있다는 점이다. 우주의 전체를 조망할 기술이 아직까지 부재하며 신호가 닿는 범위에도 한계가 있어 마고와의 통신은 오래전 끊어진 상태이다. 우주라는 거대한 요람에서 모빌처럼 돌아가다 잠들었는지, 여전히 잠들었는지, 영원히 잠들었는지는 미지수이다.

＊＊＊＊＊ 하지만 상기 기록이 편지가 담긴 유리병 지대에서 발견됐다는 사실을 감안하면 마고가 지구에 보내려던 편지일 수도 있지 않겠느냐는 의혹 또한 제기되었다.

(구)지평선에

보입니다

사람이 보입니다 그런데 걸어가는 나무처럼 보입니다*

그런데 어제의 나무처럼

어제의 햇빛

어제의 바람

부존재 사실에 관한 증명의 책임을 지고
휘청이는 나무처럼

혼자 남은 나무

나무랄 데 없는 어제의 나무

그런데 진짜 사람처럼

* 마르코의 복음서 8장 24절.

아포칼립스

너무 선명하면 촌스러워요

담벼락에는 장미가 피어 있다
벽돌에 불이 붙은 것 같다면 과장이다
약간의 물기야말로 싱싱함을 보탠다

해변에선 모래성이 부드럽게 무너진다
넘실거리는 유리가 풍경을 돕는다

수상하다 했는데 소나기가 쏟아지는 중이었다

도시는 화상 자국을 전시 중인 것 같다
이 모든 게 실물이라니 만져봐야만
실감하겠니

극소량의 여름 햇빛으로도
가시에 찔린 듯이 따끔할 수 있다
방수 밴드를 붙인 부위는 오래 비를 맞은 것처럼
쪼글쪼글해진다 과장 아니고

연고 냄새를 맡으면 치료받는 기분이 든다

그러니까 기분 좀 내보려고
몸을 가지게 된 거지?
유리로 지은 담벼락처럼

촌스럽기는

지구 어느 도시는 폭발음 없이도
붕괴된다 장밋빛으로
행군 손들이 모래로 돌아간다

만질 수 없는
관람을 허가하지 않는

기록이 목가적인 풍경처럼 남아 있다

자기소개서

1. 우리 회사에 지원한 이유는 무엇입니까?

아내가 그러는데 제가 이 회사에 다녔을 때 그나마 행복했다고 합니다. 아내는 매일 아침 제가 잠에서 깨기 전에 미래에서 돌아오거든요. 아침에 마주 보고 앉아서 제가 이번엔 뭘 했고, 어떻게 됐는지 알려줘요. 아내는 미래의 저에게 물어본대요. 돌아가서 이거 하지 말라고 할까? 제가 먼저 없던 일로 만들어 달라고 부탁하기도 한대요. 제가 죽으면 돌아오기도 한대요. 이 회사는 10년 다녔다고 했어요. 아내 생각엔 훨씬 오래 다녀도 괜찮을 것 같대요. 귀사에도 득이 될 것 같다고 해요.

2. 본인의 강점과 약점을 서술하시오.

근 10년 동안 집에서 쉬면서 아무 일도 하지 않은 것이 저의 약점입니다. 제가 뭐라도 해보려고 하면 아내가 다시 한번 생각해 보라고 했어요. 이미 미래에서 해봤다고, 어떻게 됐는지 알려줬어요.

어떤 시간엔 제가 작가였다고 해요. 처음엔 작품이 좀 팔렸는데, 나중엔 읽는 사람이 조금밖에 없었대요. 근데 그게 문제가 아니라요. 제가 매번 그랬대요.

"부끄러워, 사기 치는 것 같아."

귀농을 했을 때도 그렇게 말했고, 학교 선생님일 때도 그렇게 말했대요. 어느 회사든 팀장쯤 올라가면 그렇게 말했대요. 자기소개서 써주는 게 직업일 때도 있었다고 해요. 제가 자기소개서 써준 사람들 다 잘됐어요. 다 잘됐어요? 뭐가 잘 됐다는 거지? 수치스러워. 사기 치는 거 같아. 취소해 줘. 돌아가서 이거 하지 말라고 해줘.

하여, 제 강점은 자기가 협잡꾼인 것을 견디지 못한다는 것입니다. 저는 자기 효능감을 느낄 때 수치스러워한다고 합니다. 자신의 강점을 남에게 어필할 때 죄책감을 느낀다고 합니다. 자기 인맥을 남에게 떠벌리고 돌아온 날에는 부끄러워서 잠도 못 잔다고 합니다. 그런 감정을 느끼는 일이 잦아지고, 제가 너무 고통스러워하면, 아내가 돌아와서 하지 말라고 말해줍니다.

이번엔 보디빌더였어. 사기 치는 것 같대. 이번엔 중개사였어. 살기 힘들대. 장사꾼은 절대 못 한대. 이것도 장사고 저것도 장사래. 실제로는 아주 구체적으로, 가끔은 몇 날 며칠 동안 미래에서 있었던 일을 설명해 줬습니다.

귀하의 회사에 다니던 때에는 수치심을 덜 느꼈대요. 덜 속이는 것 같았대요. 제 강점은 덜 속이게 되는 것입니다.

3. 지원 직무와 관련된 경험을 구체적으로 기술하시오.

제 실제 경력은 무엇을 기술하든 자랑이나 허풍처럼 여겨질 것 같아서 말하기 꺼려집니다. 겪지 않은 것을 경험이라고 할 수 있을지 모르겠습니다만, 아내가 해준 얘기라면 기술할 수 있을 것 같습니다. 제가 귀하의 회사에서 자산 100억(27년 기준 약 7,500만 USD) 이상을 보유한 전 세계의 모든 인간(498만 2,132명)의 재산을 2,000만 원(27년 기준 약 1,450만 USD)으로 줄이는 프로젝트에 참여했을 때의 일화라고 합니다.

워낙 복잡한 업무였는데, 특히 억만장자들의 부동산을 무효화하는 일에 곤란을 겪었다고 합니다. 카나다스 롬을 이용해야만 했는데 문제는 롬 이용에 숙련된 사람이 회사에 세 명밖에 없었다고 합니다. 프로젝트 마감 기한이 고작 2년 정도 남은 시점에서 엔진의 적응 교육이 시급했다고 하는데요. 저 역시 롬에 익숙하지는 않았지만, 자발적으로 매뉴얼을 만들기 시작했다고 합니다.

 그러다 카나다스 롬을 실체, 성질, 운동, 보편성, 특수성, 내재성과 관계성 등 여섯 가지 범주로 나누어 분석·이해하는 방식이 초심자에게 다소 난해하게 여겨질 수 있다고 판단했다고 합니다. 엔진을 처음 이용하는 초심자들은 자신의 불행이나 고통이 타인의 것보다 결코 더 괴로울 수 없다는 사실을 의식적으로든, 무의식적으로든 이미 내면화하고 있어. 그래서 롬의 작동 원리를 순순히 받아들이지 못하지.

 라고 제 아내가 말해주었습니다. 네가 매뉴얼에 기재한 마지막 항목 때문에 우리 딸이 태어나지 않았어. 라고 제 아내가 말해주었습니다. 그 말을 듣고도 제가 카나다스 롬의 매뉴얼에 그 항목을 기재했다고 합니다. 그러니까 실은 제가 귀하의 회사를 두 번 이상 다녔던 것이라고 합니다. 오로지 그 항목을 기재하기 위해서요. 아내는 제가 기재한 그 항목이 무엇인지는 알려주지 않았습니다. 제가 매뉴얼에 그 항목을 기재할 때 그나마 행복하기 때문이라고 합니다.

4. 갈등 상황에서 본인이 취한 해결 방법에 관해 서술하시오.

한번은 제 손이 잘렸다고 합니다. 손이 잘릴 당시에 다녔던 회사가 바로 귀하의 회사라고 합니다. 어차피 아내가 없던 일로 만들어 줄 거라고 생각했겠죠?

그런데 제가 아내더러 아직 돌아가지 말라고 했대요. 그냥 한번 살아본다고 했대요. 아내는 제가 불편하다고 투정 부리면 바로 돌아간다고 했는데, 무려 3년이나 싫은 소리 한번을 안 했대요.

한번 이대로 있어볼까? 그렇게 결심하고 3년은 참아보기. 이것이 제가 취한 해결 방법인 것 같습니다.

5. 본인의 성장 과정과 인생에서 가장 영향을 준 사건은 무엇입니까?

아내를 만나 사랑에 빠진 일이라고 해도 과장이 아

닐 것 같습니다. 왜 그렇게 생각하는지는 이미 설명한 것 같습니다. 지난 10년 동안, 저는 제 아내와 인사하는 외에 누구와도 인사하고 싶지 않았습니다.

6. 입사 후 어떤 목표를 가지고 있으며, 어떻게 성장할 계획입니까?

7. 본인이 생각하는 우리 회사의 강점과 약점은 무엇인가요?

여기까지 읽으셨다면 제가 무언가의 강점을 서술하는 일을 꺼린다는 것을 이해하셨을 거라고 생각합니다. 죄송합니다. 약점은

콘솔

나는 내 상상 속에서 안 좋은 일을 당했다.
나는 국가였다.
나는 나보다 강한 국가와 동맹을 맺고 협력했다.
강한 국가가 나를 배신했다.

실의에 빠진 나는 내가, 실의에 빠지면 아무것도 할 수 없는 그런 종류의 인간임을 다시금 확인했다.
나는 국가여서는 안 되는 인간이다.
복수하지 않으면 계속 배신당할 것이 자명하다. 그러나 나는 실의에 빠지면 아무것도 할 수 없는 그런 종류의 인간이다.

실의에 빠진 나는 밤의 운동장으로 산책을 나서는 상상을 했다. 그러자 기분이 좋아졌다. 그래서 나는 산책을 나설 수 있었다.
거기서 나는 어떤 기계를 보았다. 그 콘솔은 나에게 복수할 수 없는 것 같았다.

콘솔에는 빨간 버튼이 있었다. 콘솔에는 비밀 서랍

장이 있었다. 콘솔에는 포스트잇이 붙어 있었다. 콘솔에는 숫자 키패드가 있었다. 콘솔에는 열쇠 구멍이 있었다. 콘솔에는 필라멘트 램프가 두 개 있었다. 콘솔에는 디스크를 넣는 구멍이 있었다. 콘솔에게는 오퍼레이터가 있을 것이다. 콘솔에게는 오퍼레이터가 없었다. 나는 내 손이 콘솔의 여기저기에 닿는 상상을 했다. 누르고 열었다. 잠시 후에 농축된 콧물 같은 액체가 콘솔의 구멍 여기저기서 뿜어져 나왔지만 내 행위에 대한 보복으로 생각되지는 않았다. 콘솔의 램프가 짧게 깜빡였지만 내 행위에 대한 응징은 아니었다. 나는 내 행위가 무엇을 의미하는지 알 수 없었지만, 보통은 무지야말로 가장 큰 죄악이지만, 콘솔은 나에게 복수할 수 없는 것 같았다. 따라서 콘솔은 용서할 수도 없는 것 같았다. 다행히 나는 집에서 얻은 실의를 완전히 극복하지 못한 채였고, 나는 실의에 빠지면 아무것도 할 수 없었고, 다행히 이 모든 일은 상상 속에서만 이뤄졌다. 게다가 내 상상은 콘솔 앞에서가 아니라, 집으로 돌아온 이후에 발생했다.

실의에 빠진 사람에게 열심히 살아야 하니 움직이라고 말했다.

나는 실의에 빠진 상태로 산책도 갔다 왔다고 말했다.

더 잘 살아야 한다고 말했다.

더 잘 살기 위해서만 사는 것들을 혐오하면서 그렇게 말했다. 나 말고도 실의에 빠진 사람들이 복수하지 못하는 것을 알았다.

오늘 알게 된 사실이다. 나는 콘솔을 돕기 위해 콘솔에게 그 사실을 알려주었다.

방금.

되기―거울을 바라보는 거울

너는 두 개의 거울 사이에 놓여 있다

무한이 무한을 비추는 무한에 대해
무한이 무한을 비추다 무한히 휘어지는 형상에 대해

거울과 거울 사이에서 사물의 윤곽은 점점 더 흐려지고 있다
흐려지는 형상의 속도만큼 시간의 경계가 점점 더 느슨해지고 있다
미궁이라는 단어 속에서 길을 잃은 백지의 말없음처럼

거울과 거울은 앞면을 드러내는 동시에 뒷면을 드러내고 있다
미세한 차이로 어긋나면서
말할수없음의 명백함으로 미끄러지면서

영혼과 신체 사이에서
형상과 비형상 사이에서

물질과 비물질 사이에서

거울과 거울 사이에서 너는 정면을 볼 수 없는 구조의 집을 지을 수도 있다
무수히 비껴가는 채로 만나고 있는 무수한 자신의 형상을 마주할 수도 있다
사선으로 비껴나는 시선만이 무언가의 본질을 정확히 포착할 수 있다는 듯이

너는 너라는 존재가 되기 직전의 무수한 너를 바라보고 있다
무한을 목격하기 위해서는 무한이 되기 직전의 무수한 무한을 흘려버려야만 한다는 듯이

거울은 투명하다
거울은 얼핏 보기에는 더욱 투명하다

실재와 환상이라는 개념으로부터 너는 너를 영원히 지울 수도 있다

무수히 도열하면서 도착하고 있는 너의 앞면과 뒷면의 겹침 속에서 너는 너라는 존재를 영원히 잊을 수도 있다

잊으면서 잃어버리기 위해서 너는 지금 거울과 거울 사이에 놓여 있다
너와 너 사이에 놓여 있는 무수한 거울을 자각하듯이
너는 너라는 무한 속으로 뛰어들기 위해 거울 사이로 다시 끼어든다

거울과 거울 사이에서 너는 너 아닌 무엇으로 변모하고 있다
거울을 바라보는 거울은 무한이 아닌 무한을 너에게 투사하고 있다

너로 인해 거울은 무한을 반영하는 속도를 지연시키고 있다
너로 인해 무한은 무수히 태어나는 너를 닮아가고 있다

무한을 바라본 적이 있다고 믿는 얼굴만이 무한을 바라보듯이
　거울과 거울 사이에서 무수한 형상들이 너를 흉내 내고 있다

　너의 시선에 의해 끝없이 새로워지고 있는
　분명히 바라보려 할수록 더욱더 멀어지고 있는
　멀어지는 것이야말로 그 자신의 속성이라는 듯이

　무한은 원과 선과 면과 점과 흙과 바람 사이에서 자꾸만 작아지면서 자라나고 있다
　본래의 모습이 무엇인지 알 수 없도록 세부의 세부로 나뉘면서 점점이 사라지고 있다

　너는 무한에게 무한히 비춰지면서 순간순간 다시 태어나고 있다

　너의 얼굴도 너의 뒤통수도 아닌 것

오직 너로만 이루어진 것도 아닌 것

　너는 이제 무한하지 않은 채로 무한해지고 있다
　너는 지금 무한의 사각 모자를 쓰고 한없이 나타나려고 하고 있다

누군가는 무한 호텔이 무한하다는 사실에 호텔을 찾겠지만

무한 호텔에서 자다가 안내 방송을 받고 일어났다 새벽녘 무한 호텔을 찾은 한 이방인을 위해 모두에게 방을 한 칸씩 옮기라는 내용이었다 어쩔 수 없이 짐을 챙겨 복도로 나가자 불평을 하며 방을 옮기는 사람들이 있었고 나는 옆방으로 향했다 옆방에는 한 여자가 덩그러니 침대에 앉아 있었다 나는 가만히 기다렸고 그녀가 방을 옮기지 않았기에 나는 그와 같은 방에 가만히 있었다 방을 옮길 생각이 없냐니까 없대 전혀 없냐니까 전혀 없대 대체 왜 그러냐니까 저 이방인을 모르고 또 애초에 자신이 믿는 무한은 그런 게 아니래 무한은 나의 희생으로 만들어지는 것이 아니라 그저 무한이기에 가능한 것이래 무한이 뭐게? 무한이 뭔데 나를 괴롭게 하는데 무한이 뭔데 저를 괴롭히는 무한한 무언가가 있다는 사실이 괴로워서 여자는 견딜 수가 없었다 나는 여자의 밤을 위로하며 n번째 객실에서 밤을 지샜다 새벽녘까지 밖에서는 사람들이 움직이는 소리가 났다 누군가 무한 호텔이 무한하다는 사실에 호텔을 찾겠지만 나는 나와 여자는 어떠한 무한 속에서 우리가 우리라는 사실을 견딜 수가 없었다 무한이 우리를 둘러싸고 있다

는 것이 믿기지가 않았다 누군가는 무한 호텔이 무한하
다는 사실에 호텔을 찾겠지만 나는 나와 여자는

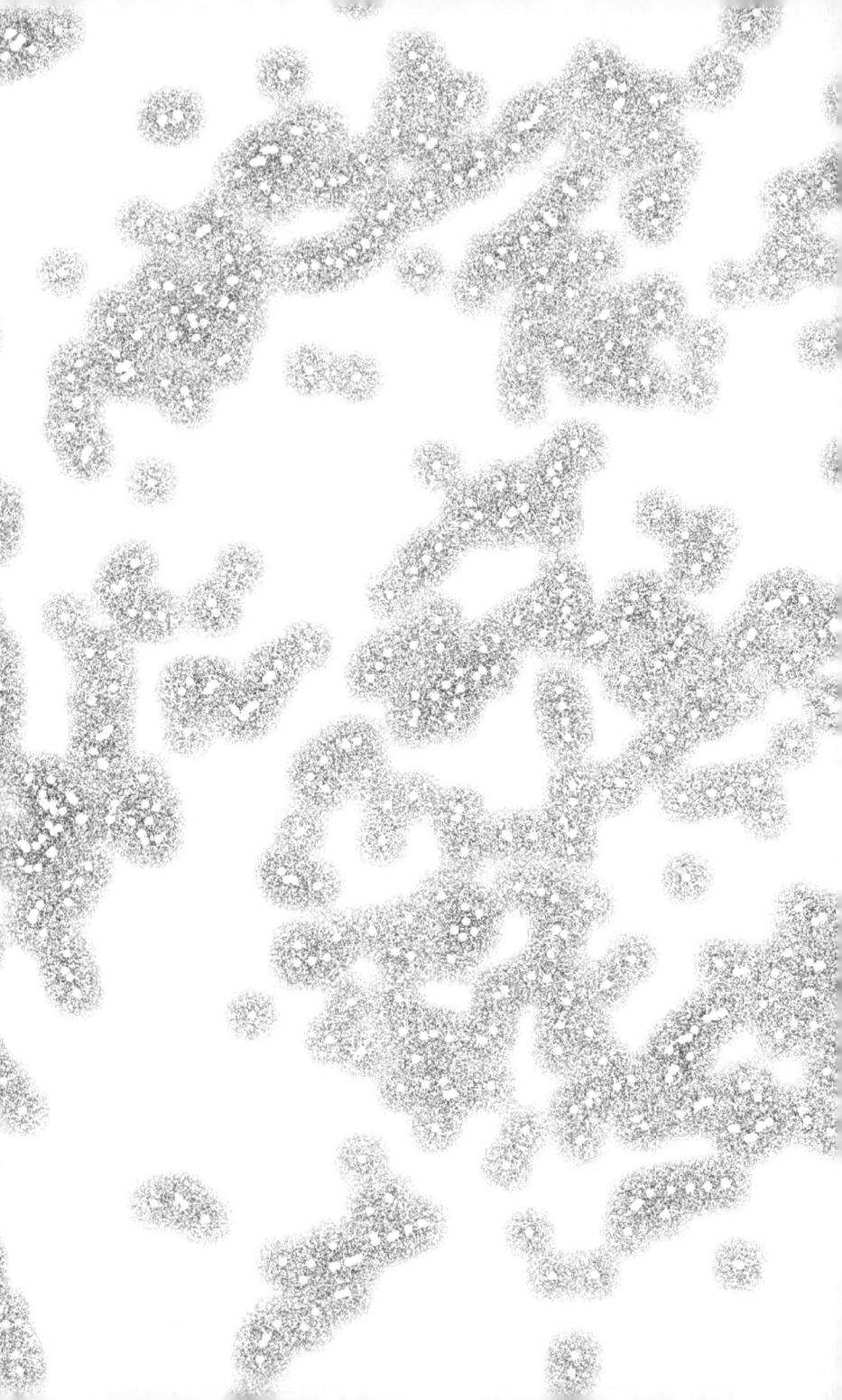

2부

모스맨 관찰기

까딱대는 머리통
아스팔트를 뒤집어쓴 것 같음
더듬이 꿈틀대는 깃털 모양
털이 수북한 몸 검은 인분 가루
한 쌍의 커다란 눈 동공 없음
붉은 안광 무언가를 뚫고 나올 것처럼
빛난다?

나는 모스맨을 감시한다
유리창 너머에 대한 무미건조한 서술을 반복한다
모스맨이 움직임 모스맨이 고개를 돌림 모스맨이 날개를 퍼덕거림 모스맨의 눈이 발광함 모스맨이 더듬이를 까딱임 파르르 떨림 모스맨이 서성거림

나는 예측 불가능한 삶을 원한 적 없고 어제까지만 해도 감시자는 거기에 들어맞는 직업이었다

모스맨이 나를 본다
저것의 얼굴이 내 쪽을 향한다

인간에게서는 볼 수 없는 형태의 낯선 경련
재현할 수 없는 징그러운 몸짓
유리창은 건너편에서는 거울로 보인다

누가 확신할 수 있겠어
시뻘건 눈에 비친 세상을 아는 척하기
그건 사기 혹은 날조, 카메라 렌즈에 빨간 셀로판지를 덧대기, 아파트가 불타는 풍경을 방치하기, 혹은 디스코장의 불빛 아래서 머리 흔들기, 엄마 없는 집의 암흑 아니면 예고된 정전, 시멘트 속에서 수경 없이 헤엄치는 기분, 나를 배신한 전 애인의 정교한 거짓말과 갑작스러운 사고의 순간 시야에 차오르는 피나… 그래… 삶이 바라는 대로 흘러간 적은…

저것은 나방을 닮은 외형 때문에 모스맨이라 불린다. 재앙이 일어나는 곳마다 출몰하는 괴생명체로 알려져 있다.

예측 불가능한 사건에

대한

나의 감시는

어떤 의미를 지니는가?

감금하고 묶고 장악하고 붙잡고 주물럭거리고 파악하고 조종하고 가두고 포획하고 고문하는

지극히 인간적인 나의 노동이?

추가 근무에 대한 급여는 곧 입금될 것이다 그건 예상 밖이지만 결코 나쁜 일은 아니고 몇몇 사람이 사라진다 해도 도시는 변하지 않는다 재앙이 우리의 곁에서 멀어진 적 없었던 것처럼 예고 없이 창출된 나의 일자리와 불현듯 이곳으로 호출된

나의 경우처럼

나는 모스맨을 본다 모스맨이 일어남 모스맨을 기록함 모스맨의 날개가 펄럭거림 모스맨이 몸부림침 모스맨을 응시함 모스맨이 벽에 머리를 퍽퍽 내려침 모스맨이 창문으로 다가옴 모스맨이 머리를 갖다 댐 모스맨과 눈

이 마주침 내 곁에 모스맨이 있음 모스맨 곁에 내가 있음

결정적인 감염

영화가 끝난 뒤 티브이를 끄고 욕조에 눕는다. 어쩜 비가 내리네. 갈비뼈 안쪽에서 따뜻한 비가 내린다. 내장까지 비에 젖다 보면 회상에 잠기기 좋은 상태가 된다. 상태는 현상에 가깝다. 결정적인 장면 없이 현상은 나타난다. 이를테면 지난 여행 같은 것. 그 여행에서 나는 형체를 잃고 좀비를 얻었다. 좀비는 나를 사랑하는 상태가 되었다. 그것은 영화가 끝난 뒤 티브이를 끄는 것처럼 자연스러운 현상이었다. 함께 비를 맞았으므로 좀비와 목욕탕에 갔다. 사람들이 비명을 질렀다. 핸드폰을 켜서 사진 찍었다. 나는 사진 찍는 사람을 곁눈질했다. 저 인간이…. 세계사에 길이 남을 사건을 목격하면 안 되는데. 그러다 세계사에 기록되면 어쩌려고…. 좀비는 부끄러운 듯 웃으며 나와 사진 속에서 나란히 늙어갈 것이 좋다고 하였다. 나는 사진은 늙지 않는다고 말해주었다. 사진은 낡아가는 것이야. 아니, 그마저 불가능할 것이야. 왜냐하면 세계는 이미 데이터화되었다. 오, 그것은 축하할 일. 일일이 회상에 잠기지 않아도 좋을 일. 사진을 찍은 사람의 휴대폰을 빼앗았다. 축하는 우리의 몫이야! 냉정하게 말했다. 목욕을 하는 동안 노래를 흥얼거리면 누군가가 수도꼭지를 잠갔다. 누구냐, 하고 고개를 들자 영화배우가 보였다. 영화배우는 좀비 분장을 하고 있었다. 좀비와 좀비 분장을 한 영화배우가 구분되지 않았다. 영화배우가 사랑을 연기하기 시작했기 때문이다. 영화배우의 연기가 훌륭했으므로 그 장면은 결정적인 장면이 되어가고 있었다. 미래에도 회자되면 어쩌려고…. 그런 걱정이 끝나기도 전에 좀비들은 서로 엉켰다. 목덜미를 물린 쪽이 좀비인지 좀비 분장을 한 영화배우인지 구분되지 않았다. 악문 이를 풀지 않았다. 주인의 심정으로 좀비 또는 좀비 분장을 한 영화배우를 회유했다. 그러다가 이 회상이 끝나면 어쩌려고…. 말하는 순간 나는 늙어버렸다. 핸드폰을 켜고 사진을 확인했다. 사진 속에는 욕조 안의 내가 아연한 표정을 짓고 있었다. 여행이 끝났음을 알아차린 건 자연스러운 현상이었다. 얼굴을 벗은 영화배우가 나를 분장하기 시작했다. 데뷔를 축하해. 넌 내게 고마워해야 해. 좀비가 나의 갈비뼈 하나를 뚝 분질러 갔다. 그것을 고아 먹은 좀비는 목덜미가 뜯긴 사람 되었고, 세계적인 영화배우 되었다. 먼 훗날 그리 기록되었다. 덕분에 나는 욕조로 다시 태어나 그가 살아생전 찍은 영화를 재현하는 것이다.

너의 레트로

천 년 전의 나를 좋아했었다

   교양 수업을 듣다 말고 나와 혼자 미술관에 가는 나를, 외투를 벗어 생일과 같은 번호의 캐비닛에 가지런히 넣고 가장 낮은 볼륨으로 흐르는 킹스 오브 컨비니언스의 노래를 들으며, 이따금 걸음을 춤추며, 따라오는 그림자에게 순서를 내어주며, 물러나며, 그때보다 더 오래된 그림 앞에 서서 미래의 깃털에 재채기를 감추지 못했던 나를
   도깨비바늘처럼 어디에나 들러붙고 그래서 어디에도 없었던 날의 너를

   내가 나의 주인이 아니었을 때의 기억 속에서
   가장 오래 살아남은 나였으니까 너는

   만나러 오는 중이다 유행하는 운동화를 신고
   이 모래시계를 뒤집어 놓은 것은 아마도
   (우리 사이 흐름) (우리가 나누어야 할 판도)

나에게 천 년 후의 너를 부탁하려고
좋아했던 것들의 목록을 적는다
기포가 듬성듬성 남은 아이패드 보호필름, 지갑에 달린 네잎클로버 아크릴 키링, 엽서가 꽂혀 있던 749번 시인선 시집, 999개의 배지가 켜져 있는 메신저, 생일을 넣어 만든 이메일 주소, 언젠가 모래사장에서 끈 생일 초, 너의 고양이 털을 굴려 만든 공, 토마토 자수가 놓인 북커버, 애착 베개, 레터링 케이크, 무화과 향이 나는 보디로션…

여기에 없는 미끄러운 것들
너는 어떤 꿈에 나타나려고 넘어지고 있었어?

천 년 전 너의 밑줄을 읽는다
혼잣말의 대유행 속에서 듣고 싶었던 말

사는 일에 중독되어
마지못해 살아갔던 시절의 일기 속엔
너는 없고 안 보이는 나만 있구나

재밌다 그런데 정말 이것밖에 없었어? 묻고 싶었지만

끝났으면 하고 바라던 이야기가 시작되었다는 게
적다 만 날들을 천 년 후에 살고 있는
나의 불가피한 줄거리라는 것을

언젠가 네가 가방을 올려두며 맡아두었다가
아무도 오지 않았던 옆자리가
지구상에서 홀로 빛나고 있다 그 의자는
너의 아버지 너의 어머니 천 년 후 나를 낳아주셨지
지금은 내가 거기에 앉아 너를 기다려

한 번 더 만나기 위해 올라야 하는 층계참이 높고
천 년의 문턱에 닿는 순간까지도
끝나지 않는 연재만화 속 빗금처럼 계속돼
나는 웃고 있다 오래전 네가
연습장 구석에 그려 넣은 스마일처럼
모두 덕분이야, 라고 시작하는 부활은 지루하니까

나는 네가 미술관 캐비닛에 두고 온
외투를 찾으러 돌아가는 중이란다 여기는 춥거든
천 년을 엇갈려 우리는 우정을 지킬 수 있었고
나를 사랑하지 않아도 돼
너를 사랑해

세기말적 의문

희박한 확률을 뚫고 일어난 모든 일이
행운이나 기적이라 불리는 것은 아니다.
복제된 것들의 삶이 그러하듯이.

그들의 삶은 간단한 2지선다를 따른다.
약하면 사라진다. 강하면 재앙이 된다.

알려지지 않은 섬이 있다. 하얗고 깨끗한 방이 있다. 유전자를 복제하는 과학자가 있다. 거대한 시험관 속 인공 양수가 있다.
뮤츠는 거기에 있다.

「난 누구지」

「여긴 어디지」

「난 무엇을 위해 태어난 거지」

극장판 포켓몬스터 1기 〈뮤츠의 역습〉에서 뮤츠는 위의 질문을 약 열아홉 번 반복한다.

웅크린다. 뺨으로 배양액이 스며드는 감각. 뮤츠의 손가락은 세 개. 그건 인간과도 괴물과도 다른 모양. 커다란 두 눈을 감는다. 눈이 있는 생물에게는 눈물샘이 있다. 잊으려 한다. 눈물은 다양한 기능을 하니까. 눈물은 눈이 건조해지는 것을 막는다. 이물질을 씻어낸다.

눈물은 슬픈 마음을 진정시킨다.
뮤츠에게는 눈물샘이 있다.

나와 뮤츠는 마주 보고 있었다. 모니터 화면을 통해서였다. 우리는 둘 다 흰 방 안에 있었고 눈물을 참고 있었으며 그 장면은 사이언스 픽션에 흔히 등장하는 가상 세계와 현실 사이의 연결 따위가 아니었다. 포스트 아포칼립스 속의 괴물과 인간의 교감 같은 것도 아니었고 판타지 히어로 만화의 감동적인 우정 서사는 더욱 아니었다.

여기는 현실이란 말이야.

현실이란 말이야?
지금 이게 실제로 일어나고 있다는 뜻이야?

뮤즈는 진정하려 했다.
함께 가상 하늘을 떠돌던 친구들이 전원이 차단된 홀로그램처럼 사라질 때도, 자신을 실패작이라 부르는 과학자의 목소리가 들릴 때도, 그들이 전설 속 괴물의 유전자를 베껴 만들어 낸 것이

고작
이 끔찍한 인생이라는 것을
알게 되었을 때도

나는 진정하려고 했다.

「이런, 실험체가 동요한다. 어서 마취제를 투약해!」

양귀비의 열매는 아편이 된다.
뮤즈는 덜 익은 열매처럼 거대한 유리관 안에 곤히

잠들어 있다.

    아편은 열을 진정시킨다. 고통을 완화한다.

    슬프기 때문에 우는 생물은 인간이 유일하다는 가설은 이론의 여지가 있다. 슬프기 때문에 괴물을 만들어 내는 생물은 인간밖에 없겠지만. 인간은 아편에서 모르핀을 추출한다. 훨씬 적은 양으로 고통을 잊게 하며, 효율적으로 숨을 멎게 한다. 순수한, 더욱 순수한… 성분을 만들어 낸다. 단번에 뇌를 망가뜨리고, 쾌락을 영원히 갈구하게 하는 헤로인처럼

    있어서 행복한 게 아니라
    없으므로 고통스러운

    순수할수록 강한 것들
    강할수록 악명 높은 것들

        「진정제를 내놔」
        「진정제를 내놔」

위의 대사를 뮤츠가 뱉은 적은 없다. 뮤츠는 화면 속에서 싸우고 있었다. 묻고 있었다. 난 누구지, 여긴 어디지, 이런 물음은 답을 찾기보다는 아예 잊어버리는 편이 쉽고 빠르고 저렴한 방법이라는 것을 뮤츠는 몰랐고

나는 알았다. 나는 인간이었으므로. 곧이어 인간은 펜타닐을 발명한다. 가장 순수하고 명쾌한 정답. 거대한 제약회사의 사장이 실험실에서 만들어 낸 강력한 복제품.

합성된 것은 싸고 세다.
나는 그 회사가 만든 인공 눈물을 애용한다. 내 점막은 쉽게 말라 오래도록 모니터 속 뮤츠와 눈을 마주치기 힘들다.

뮤츠는 눈을 뜬다.
유리를 깨고 나온다.
삶이 시작된다.

나는 웅크린다. 나를 복제한 사람을 죽이러 갈 차례다.

Monster Chamber

어두운 쪽으로 향하는 생물이
숨어들어 갈 구석이 없는 밝은 방
온몸이 시커먼 짐승을 바로 찾을 수 있도록
흰 벽지가 도배된 방
도시의 가장 안쪽에 위치한 빈틈 없는 방
삭막하고 건조하다는 인상을 주지만
바꿔 말하면 단정하고 정돈된 방

이 방을 알죠?

부자유를 상기시키는 동시에
기이한 안정감을 선사하는 방
완벽하게 안전하고 완전히 청결한 방

자신을 훼손할 방법이 단 하나도 없는 방

날카로운 모서리란 존재하지 않는 방
완벽한 정렬과 제자리만 존재하는 방
모든 가구가 벽이나 바닥에 붙어 있어 들어 올릴 수

없는
　움직일 수 없는 방 옮길 수 없는 방
　거울은 유리가 아니라 강철로 만들어져 방을 탁하게 비추고 아무리 내려쳐도 조각나지 않기에 살갗을 긁을 수 없는 아늑한 방

　이 방에서 상처를 입는 방식은
　절대로 깨지지 않을 거울로 몇 번이고 날아들어
　온몸을 쾅쾅 부딪치는 것
　팔뚝과 등에 시퍼런 멍이 드는 것

　피는 피부를 뚫고 흐르지 못한다 안쪽으로 안쪽으로만 고인다

　이 방에서 허락된 고통은 영원히 반복될 수 있다
　지속 가능한 자해만이 일어나는 방

　죽음 없는 방

이 방에 와본 적 있죠?
퍽 퍽
둔탁한 소리
인간 가루가 떨어진다

로봇 심장

드브브라고 중얼거리며
그는 가끔 떠올린다 정갈하게 두부를 잘라 먹던
한때 그의 인간

기계 입은 원순음을 발음할 수 없어서
한 번도 직접 들려주지 못했지만
지금은 거의 비슷해졌지 드브

수백 년 그걸 연습했기 때문에

간혹 프랑스산으로 오해받기도 했지만
깃든다는 말을 그는 그의 방식으로 이해했고

하나의 표정도 오래 짓지 못하면서
두부만은 정확하게 발음하던 그의 인간

그런 불필요한 기술들을 인간은
얼마든지 가지고 있어서 자꾸만
유심해지고 말았지

흐르다는 그가 발음할 수 있는 말
함께 누워 피와 전기가 흐르는 속도를 맞추고
펌프가 작동하는 몸으로 나란해졌지

인간의 속도로 전기가 흐르면 아무래도 나른해졌고
로봇의 사랑은 느려지는 것이구나

인간은 자주 축축해지고
걸을 때마다 부스러기를 흘려서
지구에 눈이 내리는 날이면
인간의 유래를 이해할 수 있었지

동그란 입술은 지구와 가까워서
외로운 마음이 들 때마다 드브브
혼잣말했지

입을 크게 벌리고 웃던 그의 인간
안으로 보이는 새빨간 입이

안과 밖이 다른 인간이 곧잘 신기해져서 그는
불 속으로 빨갛게 달아오른 손을
집어넣어 보기도 했다

그의 인간은 복구가 느렸고
아프다 사라지다
모두 그가 발음할 수 있는 단어였지만

감탄만은 함께 할 수 없어서 그의 인간은 쓸쓸해했지
고작 입술 모양 때문에
슬프고 머뭇거리는 것이 로봇의 운명

인간은 3분마다 주의력이 사라지고 1초 만에도 마음이 바뀌어
로봇 강아지보다도 못한 구석이 있지만
아플 때도 금방 괜찮아질 것 같아
3분 다시 3분을 기다리고

계산이 잘못될까 컵라면을 데우고

또 데우고 매일 조금씩 기름을 먹어도
매끄러워진 적 없는 그의 인간이 마지막으로 남긴
말 키위

위위위….
심장이 뛰었다

스스로의 심장 소리도 발음하지 못하는데
그래그래그래, 하며 다른 로봇들은
고개를 끄덕였지

사라지다만큼은 어느 때고 잔뜩 말할 수 있어서
그는 사라지다 사라지다
어딜 가나 중얼거렸고

위 위 위 그래 그래
기계들은 다 안다는 듯 고개를 끄덕여 주었다

심장을 먼 곳에 묻었지만

기계는 반드시 맞물리는 지점을 찾아내고 말아서
지구는 느리고 점진적으로
그러나 거대하게 위위위…

시간이 아주 많이 흘렀고
독한 산성비가 여러 번 내렸고
마침내 눈물처럼 뚝뚝 떨어져 내리는 팔뚝을 보며
그는 허락된 발음을 중얼거렸다

흐르다

흐르다

위로하듯 응답하듯 지구는 그래그래 위위
돌아가고 있었다

퓨처 로그

어느 날 균형이 무너지고
인간과 인간이 남긴 것이 사라지고
기울어진 무게 추가 새로운 균형을 맞췄다는 이야기

그 뒤로도 도시에는 빛이 가득했습니다 AI가 재현하고 있었습니다 비상 전력만 남아 있는데도 인간들이 살았던 그 시기를 하나도 빠뜨리지 않고 투사했어요 디테일 하나 놓치지 않고 책장과 복도 흘러내리는 물 그리고 화분에 구두 솔 먼지까지 보이지 않는데도 인간이 내장을 잘 챙기듯 그랬답니다 지구에 바닥만 남았다는 걸 아무도 눈치챌 수 없도록 처음에는 홀로그램 인간들이 거길 돌아다니기도 했지만 전기가 모자라기 시작한 뒤로는 그저 도시를 유지하는 것이 전부였습니다 인간을 기다린 것인지 사냥의 태도를 익힌 것인지는 알 수 없으나 오랫동안 그랬답니다

인간은 오지 않았어요 둠스데이 호텔 그런 이름도 있었죠 안간힘으로 유지되고 있다는 증거로 가까이 다가가면 위위 기계음이 들려왔고 위위위 너무나 규칙적

으로 들려오는 바람에 도시의 심장 소리처럼도 느껴지고 말았던 그 소리 위위 어느 쪽의 바람이든 도시가 희망을 버리지 못한 건 사방에서 들려오는 소리 때문이었을지도 몰라요 온몸에 힘을 준 울기 직전의 아기처럼 장기를 제자리에 두느라 온종일 애를 쓰는 생물처럼 위위 그렇게 있었으니까요 반쯤은 살아 있는 것처럼 느껴졌으니까요 결국 인간이 살아 돌아오는 종류의 영화를 너무 많이 봤기 때문에 그랬던 건지도 몰라요 위위위 그걸 떠올릴 때면 도시의 박동은 더 빨라지는 듯했죠

로봇청소기 롤라디도 그곳 출신 인간 없는 지구를 매일 빙글빙글 돌며 쓸고 닦고 쓸었답니다 너무 적막할 때면 첨가된 유일한 기능인 생일축하노래 부르기를 활성화했죠 어느 날은 하루에 여든다섯 번이나 그 노래가 울려 퍼졌답니다 옆구리의 빨강 파랑 초록 불빛이 탬버린처럼 반짝였어요 그게 기쁨인 것처럼 롤라디는 매일 밤 제자리로 돌아가 성실하게 몸을 충전했지요 멀리서 보고 있자면 마치 내기를 하는 것 같았습니다 도시가 먼저 사라질지 롤라디가 먼저 정지할지 그런 종류의 것

을요 어쩌면 서로를 쓸쓸하게 만들지 않기 위해 그러는 것 같기도 서로의 일에 의미를 만들어 주려는 것처럼도 보였지만 한편으론 누가 먼저 그만둬 주기를 기다리는 것처럼도 보였습니다 그 또한 인간에게 배운 거겠죠

빛이 계속 도시를 재생하고 있었기 때문에 롤라디도 계속할 수 있었습니다 그냥 맨바닥을 구르는 건 청소기가 아니라 자동차니까 그럴싸하게 더 청소로 보이는 일을 말이죠 밤이 되어도 건물과 방 들은 여전히 빛났고 약간 창백해 보이는 것만 빼면 모든 게 완벽했습니다 인간을 기준으로 보자면 병든 상태가 맞으니 좀 질렸다고 이상한 광경이라고 할 순 없었고 오히려 약간 질린 게 더 건강하다는 판단도 부정확하다고 할 수는 없었습니다 수술대 위에 누운 것처럼 도시는 고요하고 파랗게 있었습니다 하지만 롤라디의 입장에서도 시늉만은 아니었어요 조금만 주의를 기울여도 정교하고 촘촘한 빛의 사이사이를 나는 작고 까만 벌레들을 볼 수 있었거든요 낮인지 밤인지도 모르고 쉬지도 않고 배경 위를 날다 추락하면 롤라디는 까만 씨 같은 그것들을 빨아들

였다가 구석에 퉤퉤 뱉어냈지요

   그게 가끔 그림자를 만들기도 했답니다 가로막힌 배경은 가끔 구멍 같았고 롤라디는 실수인 척 그 위를 여러 번 미끄러졌어요 제대로 구부러지지도 않는 빛의 점묘화 속에서 롤라디는 때때로 먼지 얼룩처럼 보이는 자신의 그림자를 하루 종일 쫓았답니다

   여전히 벌레가 죽는 죽어서 사라지는 세계였고
   인간이 사라진 뒤에도 지구는 인간의 방식으로 유지되고 있었습니다 아무도 롤라디의 기분을 묻지 않았습니다

   해는 다음 날에도 어김없이 떠올라 전기는 어김없이 충전되고 말았고 여전히 도시가 있어서 롤라디는 매일 그걸 했습니다 먼지 한 톨 쌓이지 않은 지구는 멀리서 보면 반짝이는 구슬 같았습니다 희미하게 위위위 소리를 내면서 도시에서 들려오는 위위위 소리를 들으면서 그래그래 위위 고개를 끄덕이면서 자신이 살아 있다

고 믿었을까요? 온통 누군가의 심장 같은 세상에서 이제 자연의 풍경은 그것이었고

롤라디는 가끔 빛을 도시를 빨아들이려 애쓰는 것처럼도 보였습니다 때때로 마지막 한 방울을 마시려 빨대를 힘껏 빨아들이는 소리가 났거든요 그러나 결국 컵 바닥에 고이고 마는 액체처럼 여전히 도시는 남아 있었지요 누구도 사라질 수 없었다는 이야기입니다

아주 오랫동안 그랬습니다 뭐 어쨌든 시간은 흐르고 그러다 마침내 태양 빛이 약해지기 시작했지요 어느 날 롤라디는 검은 파리들을 뱉다 멈췄습니다 마지막 말은 추위… 아니, 투유… 며칠 뒤 적절하게 지구가 식고 나서야 외계 존재들은 태양계로 진입할 수 있었습니다 영업 중인 간판처럼 늘 불이 켜 있었거든요 그게 아주 멀리서도 보였고 그래서 퇴근길 국수 한 그릇 먹는 기분으로 한번 들러봤던 거예요 이쪽 동네는 그간 좀 뜨거웠던 편이었어요 목성까진 그럭저럭 괜찮았지만 지구는 진짜 많이 그랬지요 한겨울 주머니에 넣고 다녀도

괜찮을 정도로

　어쨌든 외계 존재는 빛의 그 안간힘을 지구의 원주민이라 여겼답니다 행성 전체를 뒤덮고 자기 보존을 위해 힘쓰는 그 모습을 생명 외에 달리 부를 말이 없었기 때문이지요 위위위 규칙적인 소리를 박동 외에 이해할 개념이 없었기 때문이지요 그리고 발견되기를 기다렸다는 듯 도시는 종료되었습니다 지구에 오자마자 첫 번째 죽음을 목격하게 된 셈이었지요 그제야 작고 검은 벌레들은 밤낮으로 쉬지 않고 움직이던 날개를 잠시 멈출 수 있었습니다 빛 하나 없는 밤에 묻혀 어둠이 검은 벌레인 것처럼도 보였습니다 하지만 외계 존재는 이제 곧 두 번째, 세 번째 생명도 목격하게 될 예정이었습니다

　그런 과거가 오래전 지구에도 있었습니다
　모든 것이 거듭 시작되고 있었습니다

매일은 조금 일요일 같다

SF 소설 중에서 좋아하는 작품이라면 네빌 슈트의 『해변에서』를 꼽는데 이 소설이 내가 막연히 가져왔던 SF에 대한 선입견과는 다른 더 좋은 느낌을 주었기 때문이고 그보다 먼저 모리세이의 노래 〈Everyday Is Like Sunday매일이 일요일 같다〉를 좋아한 탓일 수가 있다. 내가 쓰고자 하는 것은 SF 소설이 아니라 SF 시이고 어차피 시를 쓰기 전에 나는 정말로 어떤 시를 쓰게 될지는 결코 알 수 없고 시를 쓰면서 조금 알게 되거나 재수가 없으면 영영 모르게 될 수도, 운이 좋으면 약간보다는 많이 그 시에 대해 알게 될 수 있다. 그럼에도 이번에는 시를 쓰기 위해서 평소와 다른 준비가 필요하다는 강박에 사로잡혀서 빈 종이와 볼펜을 갖고 책상에 앉아 무언가 그리기 시작했다. 원과 사각형과 화살표를 그리고 글자를 적기도 했다. 그런 과정을 거쳐 내가 새롭게 알게 된 것은 없고 역시 삶과 죽음의 문제는 정말 다루기가 까다로우며 아마도 그래서겠지만 역시 그 보편의 문제에 대해서가 아니라면 재밌는 게 별로 없다는 따분한 결론밖에 얻지 못했다.

노트에 빨간 볼펜으로 작은 점을 한 개 그렸다. 시에 그림을 직접 삽입하는 방식은 좋아하지 않기 때문에 생략한다.

세상은 이렇게 끝나는구나. 쿵 소리가 아닌 훌쩍임으로.*

빨간 점은 실제로는 작은 구형의 입체다. 빨간 구슬이라고 부르겠다. 빨간 구슬의 크기는 핀볼이나 장난감 총알 정도다. 구슬이 하나 든 유리 상자가 있다. 정방형의 유리 상자는 두 손으로 쥘 수 있는 크기다.

빨간 구슬은 유리 상자 속에서 움직이거나 정지해 있다.

누군가 유리 상자를 흔들면 움직이는 구슬을 정지시키거나 멈춘 구슬을 움직이게 할 수 있다.

시작된 뒤에는 빨간 구슬이 알아서 멈추거나 알아서 움직이고 다시 상자가 흔들리기 전까지 그 일을 계속한다.

'나는 깊은 슬픔을 느낀다.'

SF 문학을 쓰기 어려운 이유는 특정한 상황을 독자에게 얼마간 정확히 전달해야 하기 때문이라고 생각된다. 하지만 일단 상자가 흔들리면 구슬은 알아서 계속할 수 있다.

* 『해변에서』의 영감이 된 T. S. 엘리엇의 시 「텅 빈 사람들」의 마지막 구절.

해변에서

빨간 구슬 상자가 무언가의 은유라고 주장한 다음 그것을 내버려둔다면 무책임한 일이 될 것이다.

'빨간 구슬이 움직이는 방향은 예측하기 어렵다.'
'예측하기 어려움에서 출발하는 사정이 생겨날 수 있다.'
이런 식으로도 갖가지 사건이 벌어지겠지만

파란 구슬이 든 유리 상자를 등장시킨다.
그것을 그대로 두고 싶다.
그것을 만지지 않았을 때 어떤 일이 벌어질지 궁금하다.

해변의 낡은 벤치 위에 빨간 구슬 상자와 파란 구슬 상자를 나란히 두었다.
그렇다면 나는 무책임에서 벗어난다.

밤에는 비치 호텔에서 불꽃놀이를 보았다.

그는 도착하였다.

에밀리의 방

　에밀리는 야행성 백여우의 이름인가? 우울이 그녀의 영혼에 죽음을 주입한다 내가 하버드에서 본 에밀리의 책상은 내 공책만 하고 나는 에밀리의 방을 우주에 쏘아 올리는 공상 시인의 정신이 내뿜는 광선이 나에게 닿는 공상 그러자 에밀리의 찬장 서랍 어디에선가 '모든 문장이 슬픔의 언어를 내뿜는 마귀의 축제가 되도록 하라'는 환청이 들린다

　에밀리가 죽기 전 에밀리를 '살아 있는 마귀'라 부른 사람도 있었다는데 그렇다면 에밀리는 까마귀와 사마귀의 사촌인가 나는 오늘 이 도서관 건물에 낭독하러 왔는데 까마귀와 사마귀, 까마귀와 사마귀가 내 입에 척 달라붙는다 까마귀와 사마귀 까마귀와 사마귀 이것을 떨쳐야 낭독을 할 수 있는데 기침을 해도 까마귀와 사마귀 처음 뵙겠습니다 해도 까마귀와 사마귀 왜 크리스티나는 낭독 전에 나를 에밀리의 방에 데리고 갔을까 낭독회에 와주셔서 감사합니다 하려 해도 까마귀와 사마귀 나는 까마귀와 사마귀를 떨쳐버리려 우주에 뜬 지구, 에밀리 디킨슨호를 상상한다

에밀리 디킨슨은 내가 에밀리 디킨슨호와 접속할 때 우렁차게 떨리는 시인의 음성보다 먼저 까마귀와 사마귀의 목소리를 듣게 된다는 걸 알까 북소리처럼 둥둥 울리는 까마귀와 사마귀 까마귀와 사마귀에서 마귀를 떼야 하는데 까사까사 까사까사 내 얼굴의 사마귀에서 소리가 난다 사사사 사사사 나는 까마귀처럼 울어본다 까까, 까 까까까

검은 정장을 입은 '정오의 남자'들이 에밀리를 둘러싼다 에밀리의 관이 집 앞의 구덩이로 내려간다 관 속의 에밀리는 흰옷을 입었다

에밀리 디킨슨호의 뜨거운 영혼에 닿으면 누구나 혀가 타버린다는 말은 사실일까 그 고독한 영혼에서 나온 색색 실에 혀가 칭칭 감긴다는 것, 정말일까 나는 그저 여기서 어디론가 피신해 모로 누워 있고만 싶다 에밀리가 바느질하듯 쓴 시들을 한 땀 한 땀 입술로 핥고 싶다

에밀리 디킨슨호가 에밀리의 신장을 녹이는 우주의 슬픔 지대를 지날 때,
에밀리 디킨슨호가 마지막 숨을 내뱉을 때
그 작은 방의 선장은 누구를 위해 시를 쓰고 있었나?
스스로 계단을 내려가면 착륙이 가능하다는 에밀리 디킨슨호의 수수께끼
에밀리 디킨슨호를 공상하자 다시 꾸밈없는 비누 같은 얼굴의 조류 까마귀와 곤충 사마귀의 얼굴이 흰옷 입은 우주인의 얼굴처럼 떠오른다

나는 이제 의자에 앉아서 일어설 차례를 기다리며 우주인을 걱정하는 사람이 되었다

인공위성은 지구인 그 누구에게도 해를 끼치지 않지만, 거기서 혼자 산다는 건 바늘이 새끼손톱 밑을 찌르는 고독, 그 광활한 고독이 에밀리의 가슴에 우울을 지핀다 까마귀와 사마귀의 사각거리는 발걸음 소리 에밀리 디킨슨호의 마이크에서 쏟아지는 저 낭랑한 숨결은 오히려 에밀리 디킨슨호의 겸손함이 가진 오만 저 시가

내려오는 작은 인공위성의 행적을 추적하라! 모든 문장이 슬픔의 언어를 내뿜는 마귀의 축제가 되도록 하라

나는 에밀리의 시들로 공중정원 전자 게임을 만들고 싶다 까마귀와 사마귀의 정원 정복 게임 내 몸에서 영혼이 흰 눈발처럼 분쇄되는 것을 미리 보고 있는 천진난만한 에밀리 디킨슨호의 까마귀와 사마귀 까마귀와 사마귀가 숨어서 나를 감시하나? 혈뇨를 싸는 바느질 여인의 까마귀와 사마귀 영혼의 도살장인 이곳을 이륙한 까마귀와 사마귀 우울증의 인공위성에 스스로 갇힌 까마귀와 사마귀 까마귀와 사마귀는 복중에서는 알이었겠지? 알이었을 때 엄마의 맥박 소리를 들었을까? 알에도 귀가 있나? 까마귀와 사마귀는 정원 생활자가 공중 생활자로 부활하는 방식이다

자꾸만 인공위성을 비집고 들어오는 기쁨에 대항하는 까마귀와 사마귀
천국의 요란한 색깔들과 기쁨은 알고 싶지 않아, 까마귀와 사마귀

푸르디푸른 외관, 에밀리 디킨슨호, 흰 까마귀와 흰 사마귀

기쁨으로 불결해지지 않는 에밀리 디킨슨호

우주에 떠오른 채 제 몸을 바라보지만, 이제는 그곳으로 돌아가고 싶지 않은 느낌

이제 시를 낭독할 시간이 다가오는데 까마귀와 사마귀가 내 입에서 떨어지지 않는다 우주가 바깥에 있지 않다는 것을 이 청중들은 알까? 나는 마이크를 잡고 혼신의 힘을 다해 까마귀와 사마귀에서 마귀를 떼려 한다 증발하지 마, 우주인! 까사까사, 까사까사까사까사

되기―잿빛 위의 작은 파랑

    잿빛 위의 작은 파랑은 하나의 언어가 되어 너를 찾아낸다. 하나의 이미지라기보다는 하나의 언어적 기호로서. 너는 보이지 않는 그것을 본다. 보이지 않는 평야 혹은 비어 있는 하늘을. 물감이 덧발라진 어둠의 가장자리로부터 떠오르는 한 줄기 빛을.

  너는 작은 파랑이 되기를 바란 적이 있다고 느낀다
  너는 작은 파랑의 기억을 되찾기를 바란다고 느낀다
  너는 희미한 잔상 속에서 오래 머물렀던 적이 있다

  잿빛 속의 작은 파랑도 아닌
  잿빛 안의 작은 파랑도 아닌
  잿빛 위의 작은 노랑 혹은
  잿빛 위의 작은 빨강도 아닌
  어쩌면 잿빛 위의 작은 분홍과도 유사한

  너는 너를 찾아온 이 낱말을
  사라진 기억의 가장자리 위에 얹어둔다

잿빛의 기억에 의지한 채로
자신의 부피와 밀도를 증식해 나가고 있는

하나의 단어를
하나의 세계를
오래전 잃어버린 세계를
언제나 새롭게 다시 또 되살아나는 익숙한 세계를

잿빛의
잿빛 위의
잿빛 위의 작은 파랑

입안에서 소멸하면서 다시금 다가오는
잿빛 위의 작은 파랑이 너의 목소리 위에서 맴돈다

너는 언제나 네가 알지 못하는 세계가. 그러나 이미 감각했던 하나의 세계가. 단 한 번도 발음해 보지 않은 하나의 단어 위에서. 불현듯 너에게 도착하는 순간의. 그 기이하고 기묘한 끌림에 대해서. 머나먼 곳으로부터 찾아오는 기원에 대해서. 다시금 발원하는 네 글쓰기의 모든 것에 대해서. 너는 아직 밝아오지 않은 어두운 푸른 새벽의 창 아래에서. 아무것도 쓰여지지 않은. 그러나 이미 모든 것이 쓰인 텅 빈 노트 위에서. 잿빛 위의 작은 파랑이. 어리고 흐린 채로 겹쳐 흐르고 있는 것을 바라본다.

그것은 이미 쓰여진 것으로서. 다만 보이지 않을 뿐인 어떤 문자로서. 흐릿한 이미지 혹은 불분명한 기억으로서. 너는 그것을 작고도 큰 백지 위에 되살려야 한다고 생각한다. 너의 모든 여백 속에서. 네가 겪은 무수한 잿빛의 세계 속에서.

잿빛 위의 작은 파랑은
어둠 속 푸른 지붕의 윤곽처럼
점점 밝아오는 여명의 빛과도 같이
어슴푸레한 새벽녘 창문 앞에 서 있는 여인의
빛바랜 치마의 색처럼 밝아오는 동시에 어두워져 간다

어둠 속에서 받아 적은 것이 분명한. 너의 필체가 분명한. 그러나 그저 무언가가 적혀 있다고 느껴질 뿐인 텅 빈 여백을 무연히 바라보면서. 알아볼 수 없는 너의 글씨에 대한 해석을 해독을 포기할 때쯤. 너는 직전의 꿈속에서 오래전 죽은 너의 개가. 잿빛 털을 가진 너의 개가. 아픔 없이 슬픔 없이 네 곁에 앉아 있었다는 사실을 기억해 낸다.

네가 너의 늙고 오래된 개의 잿빛 등을 쓰다듬으려는 순간
잿빛 등 위에 희미한 파랑의 기미가 드리워지고 있었다는 사실 역시도

오래된 애도의 빛으로서
혹은 다시 다가올 어둠의 전조로서

잿빛 위의 작은 파랑은
오직 미래의 예언으로서 너에게 나타났다가
사라지기를 반복하고 있는지도 모른다고 너는 생각

한다

    언젠가 이미 보았고 들었던 너의 낱말 역시도
    같은 방식으로 너의 기억을 조직하고 조작하고 있는
지도 모른다고
    너는 흐릿한 채로 흐르고 있는 너의 낱말을 바라본다

    되기—잿빛 위의 작은 파랑
    잿빛 위의 작은 파랑—되기를
    너는 반복해서 수행한다

    무수한 상처 위의 무늬 곁에서
    아물고 벌어지기를 반복하는 너의 기억 속에서
    무수한 색으로 덧칠해진 그림들 위에서
    숱하게 발견해 온 잿빛 위의 작은 파랑들 속에서

    너는 어느 날 우연히
    오래도록 떠올리려고 애쓰던 하나의 빛을
    잿빛 그림 위에 적힌 작은 파랑의 기호와도 같은 무

엇을 발견한다

    그것은 거대한 잿빛 그림의 일부분으로서
    A와 O가 혹은 4와 C가
    희미한 파랑으로 맺혀 있다

    너는 화면을 확대하듯이
    A와 O일지도 모를 4와 C를 최대치로 넓혀나간다
    A와 O의 부분으로서의 기호들이 자신의 자리를 벗어난다
    A가 I가 될 때까지 O가 C가 될 때까지

    그리하여 다시
    A와 O가 잿빛 위의 작은 파랑이 될 때까지
    네가 이미 만났던 적이 있는 단어로 온전히 겹칠 때까지

    너는 너의 단어가
    너의 잿빛 위의 작은 파랑이

기어이 도달하고자 하는 쪽을 향해 고개를 돌린다

하나의 죽음을 향해서
끝끝내 도착할 수밖에 없는 죽음을 향해서

너는 언젠가 보았던 베르메르의 그림을 기어이 기억해 낸다

어둠 속에서 점점 더 분명해지던. 푸른 잉크 빛을 뒤집어쓴 채로 조용히 생동하고 있던. 그 모든 인물들을. 풍경들을. 감정들을. 여백들을. 이미 알고 있는 죽음의 표면과 맞닿아 있던 그 모든 희미한 파랑의 가장자리들을.

너는 이제야 비로소
잿빛 위의 작은 파랑이 펼쳐진다고 생각한다
그 모든 알 수 없는 존재의 기원으로부터 울려 나오는
다시 또 찾아가야만 하는 영혼의 울음으로서

그리하여 무엇이었을까

너의 잿빛 기억 속에서 겹쳐 흐르던 그 모든 작은 파랑들은

언어 이전의 빛의 잔상으로서

그 모든 박명의 지붕 위를 훑고 지나가던 흔적들은

검은 개에 대한 잡문

어느새 개 한 마리가 나를 따라 걷고 있다
내가
내가 아님을 들킨 것일까
아니면 여자를 닮기라도 한 걸까

나는 부두를 천천히 걸으며
개에게 보이지 않았다가
다시 보이기도 했다
개는 내가 보이지 않을 때에도
보일 때에도 계속 나를 따라 걷고 있다

멀리 본 도시의 풍경이 뿌옇다
중국인 거리에서
누군가 오래된 악기를 연주하고 있었고
물 위로 사람들이 노를 저었고

검은 개는 그저 걸을 뿐이다
네게도 고스트*가 있나
개는 대답이 없다

잠시 멈춰 서서 개를 쓰다듬자
개가 내 무릎을 핥는다

부두에 버린 시신을 발견한다
나의 얼굴을 한 여자다
개가 가까이 가서
여자의 뺨을 핥는다
나는 머리칼을 쥔다
으스러진다
녹는다

부두의 풍경은 그러하다
개가 짖는다

먼발치에는 물이 있다
개가 물을 본다
물 위에는 그림자가 있다
여자는 잠수를 즐겼던 모양이다
내가 물 위로 뛰어든다

깊이 빠진다

호랑지빠귀가 우는 소리가 들린다
검은 개가 내 뺨을 핥는다
누군가 비파를 연주한다
어느새 나는 개에게 보인다
인식으로서 그러하다
다시 걸을 때도 개는 검은 개다
개는 사후적이다
내가 뒤늦게 나를 따라 걷는다

---

* 시로 마사무네의 〈공각기동대Ghost in the Shell〉에서는 영혼이란 단어를 '고스트'라고 부른다.

하얀 사슴

새까만 밤이었다
제주의 감귤 나무 사이로

하얀 사슴들이 나타났다

순백이나 결백이나 자백이 다 그러하듯
오염된

사슴들은
감귤 잎을 뜯어 먹었다
뿔이 잘린

하얀 사슴들 그래서 영검한 기운도
정백한 빛도 다 사라져
가축이 되어버린
인간의

손을 타면
뭐든 다 더러워지고 망가진다는 얘기를

내게 처음 해준 사람이 누구였더라

언제였더라
그 예언이
다 맞는 말이라는 걸 깨달은 게

이런 것을 생각도록 하는
오염된 가축들이
밤의 도로 위를 줄지어 걷는다
그들 옆으로 차들은 무심히 달리고
안개가 점차로 짙어진다
사슴의 형상으로
사슴을 다 잊을 때까지

더러 운전대를 잡고 차를 몰며 잠에 빠지는 사람
꿈속으로
하얀 사슴들이 출몰한다

티 없이 아주 깨끗한 흰빛

소복을 입은 여인이
종을 흔들며 손짓한다

이리 와요
따라오세요

하얀 사슴들이 뿔을 치켜든
안개 행렬은
멀리 5리 밖까지 뻗치고 있다

이런 이야기를 짓게 하는
하얀 사슴들
동물체험농장에서 탈출한 가축들
귀신도 쓸쓸하여 살지 않는* 그 농장에는
양과 말
꿩과 닭
청계와 거위
토끼와 공작

갓 태어난 병아리와 죽은 개체
인간이 뒤엉켜 있었다

제주시와 제주도자치경찰단은
　농장주를 상대로 축산법과 가축분뇨법, 건축법 위반 여부 등을 조사하고 있다고
　　밝혔다

어디로 갔을까?

울타리를 넘어
감귤밭 사이를 지나서
안개에 힘입어
순례를 시작한 그 흰빛들은
더러 인간의 탈을 쓰고
마음에 하얀 사슴을 품은 채

＊ 정지용의 시「백록담」.

3부

괄호 안에 은총을 하나의 은총을

여기에 괄호치기가 서식한대. 동생은 여울목에 앉아 물속을 들여다보고 있었다.

괄호치기는 습생이야. 수심이 얕은 데에 각종 괄호를 쳐. 이것은 여는 괄호. 동생은 물속을 가리켰다. 봐봐. 이것은 큰큰괄호다. 글자들이 떠내려오고 있잖아. 거르는 거야. 물에 풀리기 전에. 다 풀려서 사라지기 전에.

옛날 옛날 홍제천 상류에서 세초洗草라는 걸 했대. 글자의 먹을 빼어 흰 종이로 되돌리는 일이었는데. 동생의 시선이 물줄기를 거슬러 올라갔다. 글쎄 누가 여태 종이를 헹구고 있다지. 검은 빨래는 희게 하라. 흰 빨래는 검게 하라. 어디서 주위들은 노래를 띄엄띄엄 부르면서. 휘갈겨 쓴 일기도 문고본의 활자도 닥치는 대로 흘려보내면서.

하나의 자연어는 하나의 자연물에. 생략은 불가. 바쁘다 바빠. 괄호치기는 쉴 틈이 없어. 괄호 안에 물방개를. 하나의 물방개를. 동생의 발과 발 사이로 물뱀이 구불구불 지나갔다. 물뱀이 사라진 자리에 물뱀의 곡선이 어른거리고. 괄호 안에 물뱀을. 하나의 물뱀을. 물에 풀리기 전에. 다 풀려서 사라지기 전에.

쉿. 이것은 암괄호와 수괄호다. 말씀을 품고 있어. 말은 씨가 된다지.

봐봐. 저건 너도괄호야. 동생은 양말을 벗고 물속으로 걸음을 옮겼다. 괄호 안에 노래를. 너의 노래를. 노래 안에 *너도밤나무*를. 단 하나의 밤나무를. 동생의 무릎이 잠겼다. 동생의 웃음소리가 들렸다. 괄호치기가 섬모를 움직여 발가락을 간지럽히는 것 같았다.

나는 동생을 따라 양말을 벗었다. 괄호 안에 동생을. 하나의 동생을. 동생을 따라 코를 막고 물속에 얼굴을 넣어보았다.

이건 나도괄호일까.

내게 속하지 않는 것들로 나를 이루는 소외의 쓰라린 목록. 식별할 수 없는 상실의 목록. 휩쓸리는 고독의 목록. 무차별이다. 평등하다. 몰이해의 짜릿함에 살이 떨리고. 몰개성의 아름다움이 앞을 가리고. 우리는 까막눈이 되어. 괄호 안에 만능을. 하나의 만능을. 깜깜해질 때까지. 사라질 때까지. 새로 먹칠을 하려는 것 같았다.

개와 개

개가
고개를 절레절레 흔든다

넌 못 죽여 당연히

아니
넌 날 정말 몰라
죽이는 느낌만 나지 않으면
아주 간단히 죽일 수 있어

(웃음) 고개를 젓는다

못 죽여

그건
그건 그냥
그냥
광선검이 없어서 그런 거야
강아지나 선풍기나 지렁이나 상추나

전혀 다를 바가 없어

(웃음 한숨) 또 고개를 젓는다

사람들이 못 볼 뿐이야 상추를 찢어도
손이 끈적해지는데 너무 미량이라서,
단면이 너무 얇아서, 붉은색이 아니라서,
무디고 무능한 눈으로는 못 보는 거야
배율이 너무 낮아서 모를 뿐이라고
걔나 걔나 전기나 전원 끄면 못 움직여
뭐가 달라 뭐가 다르냐고

(헛웃음) 커피를 내린다

아 맘대로 생각해 넌 날 몰라 아직도
어차피 넌
상추 선풍기 맘 이해 못 해
(아) 그럼 모기, 모기는?
걔나 걔나 똑같아

(웡) 대꾸가 없다

똑같다고!

목을 한쪽으로 늘린다

아니
완전히 달라

뭐가! 뭐가 달라!

(웡) 고개를 젓는다

너는,
너는 늘
네가 단 한마디도 믿지 않는
말을 해

(윙) 뭐?

넌 아무것도 몰라!
이게, 이게 내가 진심으로 믿는 거라고!

(웃음) 그래 알아
(헛웃음) 여러 번 얘기했어

제풀에―

똑같아…. 그냥 못 보는 거야….
못 봐서…. 모르는 거야….

―지친다

(윙)

얼굴이 없잖아

(윙)

얼굴?

얼굴

이제는 쥐를 실험실로 옮길 때 우리 위에 천을 덮어야 한다.
도착하면 천을 벗긴다.
시끄러운 쥐도 있고 다소곳한 쥐도 있고
광분한 쥐도 있고 어리둥절한 쥐도 있고
멍청한 쥐도 있다.
우리 실험실에도
시끄러운 놈이 있고 다소곳한 놈이 있고
광분한 놈이 있고 어리둥절한 놈이 있고

멍청한 놈도 있다.
놈 놈 놈 이름 붙이려면 붙여 구분할 수 있는
취향 성격 신체 행동 기타 등등의 성향을 가진
그 놈 놈 놈들.

쥐도, 우리를 든 사람도,
행여 자신과 지나치게 비슷한 것들과 눈이 마주치는
잔인함, 본질적으로는 어색함
을 피할 수 있도록 천을 덮는구나

라고 생각할 수도 있겠지만
그건 우리들을 위해서가 아니다.
연구실이나 병원 복도에 밴 특유의 공기를
보지도, 듣지도, 맡지도 못하면서 어슬렁대는
하릴없고 말 많은 유령들을 위한 것이다

우리들을 위해서는,
그중에서도 특히 쥐를 위해서는,
쥐와 손과 도구를 모조리 살균하고
쥐를 무균실로 옮긴다.
쥐의 눈이 충혈되었구나
라고 생각할 수도 있지만 원래 눈이 핑크색이다.
살균하기 전에 균 위에 천을 덮진 않는다.

원숭이를 옮길 땐 우리에 커다란 검은 천을 둘러씌우지만
요즘은 원숭이 소리는 거의 들을 수 없다.
너무 많은 유령의 도장을 거쳐야 하니까.
더 적은 도장을 거쳐도 되는 돼지

―매년 44억 달러 치는 잡아먹기 때문일까. 이곳에서 쓰는 돼지는 같은 돼지라도 단가가 더 높다. 먹는 대신 다른 데 쓰니까, 잡아먹지 않으면 왠지 더 소중해지니까.―

의 뇌는 인간과 거의 흡사한데,

크기나 질감이 딱

매일 한 컵 순두부다.

뇌는 분리해도 다섯 시간 정도는 물리적 성질을 유지하지만

한 시간 정도만 지나면 상온에 둔 베이컨 냄새가 점점 강해진다.

전기 신호가 다 꺼진 뇌를

기억과 욕망도 다 사라지고

자신이 돼지였다는 것을 잊은 뇌를

탈출해 보려던 수술대조차 잊은 뇌를

더 이상 뇌라고 할 수 있을지는 모르겠지만,

보이지도 않는 침으로 몇 나노미터를 찌르면

다시 몇 나노미터는 제자리로 돌아가려 하는 것 정도는

자신이 돼지라는 것을 알 때와 비슷한 행보다.
적어도 다섯 시간 동안은.

건물 환풍 장치나 지하철의 진동조차 훼방을 놓을 만큼
미량인 신호를 분석하려면
잡다한 알고리즘과 몇 가지 기계와
무엇보다 참신한 아이디어가 필요한데
그게 내 일이지만 지원금이 다 떨어지도록 결과를 내지 못하고 있다.
무균실은 쉽게 만들 수 있지만
파동이 도달하지 않는 방을 만들 수 있긴 할까 싶다.
균은 그럭저럭 죽일 수 있어도 파동을 다 죽일 수는 없는 일이다.

저녁에는 된장찌개나 순두부찌개를 끓여 먹는다.
두부는 뇌도 표정도 없다
고 한다. 맞는 말인 것도 같다.
순두부 모두부 포두부 건조 두부 냉동 두부

성격이 참 다 다르긴 하지만.

포장을 벗기면 순두부는 즉시 뭉개지기 시작한다.
순두부에 구조를 부여하고 양념이 잘 배게 하려면
찌개를 꽤 오래 끓여야 한다.
그렇다고 끝없이 끓이면 순두부는 더 이상 순두부가
아니게 되는데,
그렇다고 모두부나 건조 두부로 변신하는 것은
아니다. 그냥 더 이상
아닐 뿐이다.
밍밍하고 잘 뭉개지는 순두부 덩어리
그 자체가 잘 살아 있는 맹탕,
원초적 순두부라고 볼 수는 없지만
간이 잘 맞는 순두부찌개,
그 사이 어딘가 갈림길이 있을 텐데.
돼지는 몰라도
순두부의 완벽한 뀌송은 불가능하다.

그래도 콩은

따고 빻고 갈고 끓이고 말리고 얼려도,
죽이고 다시 죽여도 탄성이 남아 있다.
오히려 죽을 때마다 탄성이 더 강해진다.
뇌는 한번 수확하면 탄성이 사라질 일만 남는다.

어쨌거나 순두부는 잘 뭉개지고
뇌도 별반 다르지 않다.
그렇다고 뇌를 아무 데나 막 버릴 수는 없고
생화학 감염성 폐기물로 봉해 처리해야 해서
그 이후에 뇌에게 무슨 일이 일어나는지는 잘 모른다.
그렇지만 두부는 가두어 놓으면 붉은 곰팡이가 핀다.
끓여서 살균하거나 밀봉하지 않으면 당연히 더 빨리 핀다.
그러거나 말거나 곰팡이 핀 부분만 얇게 썰어 쓰레기통에 버리고
나머지는 먹는다.

모두부는 숨구멍이 많아서
안쪽까지 곰팡이가 핀다.

곰팡이는 호흡의 대가니까.
그게 곰팡이의 일이니까.

순두부는 기본적으로 수명이 길다.
덜 썩고, 늦게 썩는다.

어쨌거나 곰팡이는
아무래도 두부보다는 뇌에 가까우니까
한 번만 죽이면 다시 돌아오진 않겠거니,
먹어도 괜찮겠거니,
감염성 폐기물로 처리할 필요는 없겠거니 한다.
어쨌거나 곰팡이는 얼리거나 말려도 다시 돌아오지만
그래도 끓이면 일단은, 한 번은, 확실히 죽는다
니까 곰팡이를 끓여 죽인다.
열은 시간과 비슷해서 되돌릴 수 없다.

어쨌거나 열이든 시간이든 뇌든 곰팡이든
자연 발생은 불가능하다
는데 아무래도 못 믿겠다.

작은보호탑해파리

박사는 월미도 한 횟집에서 나를 데려왔다. 나를 알고 있었더라면 잡아먹혔을 테지만 유명하지 않다는 건 좋은 일이다. 궁금하게 만들며 이렇게 살아남았으니까.

그의 유언에 따라 나는 시를 쓰고 있다.

(문학적인 성향이 자신의 연구에 치명적이었다는 것을 모를 리 없었을 텐데)

박사는 나의 존재를 증명할 때마다 설명해 주었다.

"수명을 다하면 번데기 상태에서 자기 자신을 복제해 태어났던 때로 돌아가는 영생의 생물이란다. 그러나 이것은 은유가 아니야. 너의 삶이지."

나는 각주 없이 이 시를 시작한다. 작은보호탑해파리 혹은 베니크라게라고 분류되는 이름으로 쓰는 초연初演의 시를.

박사는 나를 애지중지 아꼈다. 태어났던 때로 돌아갈 때마다 이름을 지어주었고 나는 122개의 이름이 있다. 언어를 알려주었고 나는 물을 흐릿하게 비틀며 퍼져나가는 포자로 성실하게 움직였다.

그의 사랑에 화답하듯이.

박사가 죽고 나는 그가 나처럼 복제되어 돌아올 줄

알았지만 아니었다. 무능한 사랑의 절실함이 나였구나. 나는 그런 인간의 불능에 중독되었다.

  수조는 더러워지기 시작했고, 나는 움직이고 싶지 않아 자주 뜰채에 건져졌으며, 나에 대한 연구는 그것으로 종결되었다.

  세상 사람들은 모두 나를 알게 되었고, 그것이 박사에게 커다란 명예를 가져다주었으며 반려동물로도 큰 인기몰이를 했다. 거짓말. 우리보다 먼저 죽는 주인들로 유기되는 삶을 어찌 사랑할 수 있겠느냐만은.

  우리는 하수구에서 자주 만났다. 영생의 믿음으로 화로 위에 서기도 했다. 입을 쩍쩍 벌리는 백합점과 소라 속에서 시가로 매겨졌다. 박사는 그곳에서 나를 데려왔지. 다시 돌아오는 일은 인간사의 숙명이로구나.

  번데기로 돌아가고 싶지 않다. 나를 그만 복제하고 싶다.

  나에 대한 소설, 나에 대한 노래, 나에 대한 영화, 나는 은유의 껍데기에서 벗어나지 못한다. 친구를 만날 수 없고 물속에서도 갈증을 느낀다. 무게도 없이 자꾸 가라앉는다.

박사가 컴퓨터 앞에서 안경을 고쳐 쓰며 한 번씩 나를 돌아봐 주던 때로 돌아가고 싶다. 나에겐 뒤가 없어서 그 헤아림을 좋아했다.

122개의 이름을 한꺼번에 불러주었던 언젠가의 생일처럼

이 시는 아무도 읽어주지 않을지 모른다. 내가 살아남은 방식처럼. 그러나 박사는 그것을 두려워하지 않았지. 나를 너무 사랑해서 나의 죽는 날을 손꼽아 기다려 주었으니까.

(부활 없음)

내가 영생하며 그에게서 배운 사랑은 이런 것이다.

반복과 수치심.

미래에는 누구도 이런 식으로 죄인이 되지 못할 것이다

인간을 무서워하지 않는 비둘기 떼가 인간들 곁에 살았다 인간은 비둘기를 사냥하지 않고 비둘기들은 높게 나는 법을 잊었다

어느 겨울날,

상심한 인간은 비둘기 한 마리를 포획해 염색 공장 공터에서 죽였다 새들은 어디에서든 지켜보았다 그가 인류 속에서 죄인으로 커나가는 것을

죄인 되기

 내 일본인 친구 호시노가 장래에 되고 싶은 것은 난초이다 식물만이 다른 생명을 멸하지 않고 살아간다는 이유에서이다 현대 과학에 비추어 보면 아직 불가능해도 또 아주 불가능한 꿈만은 아니다 어쩌면 지금쯤 한 연구실에서는 인간의 뇌에 난초 되기를 이식하는 실험을 계속하고 있을 것이다 돈이 된다면 누구나 그럴 수 있도록 할 것이다 1박 2일 호캉스 가듯이 일상의 피로를 잊고자 돌 되기 미나리 되기 벚꽃 되기 개미 되기 장구벌레 되기 말미잘 되기 해파리 되기 문어 되기 임연수어 되기 갈매기 되기 뻐꾸기 되기 참새 되기 멧돼지 되기 사슴 되기 소 양 말 되기 토끼 되기 혹자는 똥이 되거나 쓰레기가 되거나 그저 물, 빛, 시체가 되기도 할 것이고 자신들이 키우는 개 고양이 이구아나를 이해한답시고 이구아나 고양이 개 되기, 사랑한답시고 너 되기도 할 것이다 물론 내 친구 호시노는 과학기술의 발달에 힘입은 난초가 아니라 어느 날 머리카락이 많이 후퇴한—호시노의 표현이다—그의 이마에 뾰꼬뾰고 유록색 잎이 돋아나는 자연발생학적 인간 포기 그 신비를 꿈꾸는 것일 테다 그것이 비록 미세플라스틱 중독에 의한 것일

지라도 아! 나 아닌 것 되기란 인간이기에 벌을 받는 것
인가 그러고 보면 오직 인간만이 돈으로 죄를 산다.

트윈

 외계 존재가 형제를 원했고 나는 쌍둥이로 태어났다. 그에게만 배꼽이 없었다. 엄마가 없었으니까. 나는 나의 엄마가 그의 엄마가 되길 바랐다. 엄마가 난간 아래로 떨어지기 직전까지도. 엄마는 팔로 몸을 감싸 안은 채 뛰어내렸다. 마치 정해진 지점에 도착하려는 사람같이. 내가 난간을 붙잡자 겨드랑이 밑으로 그의 손이 파고들었다. 그의 손각지에 매달린 채 나는 엄마의 도착 지점을 내려다봤다. 피. 아주 많은 피. 몸을 씻고도 남을 만큼 많은. 나에게도 저만한 게 있을까. 나도 저렇게 넓어질 수 있을까. 거대한 비행접시가 나타나고부터라고 한다 엄마가 난간을 넘으려 한 것은. 이걸 말해준 건 그다. 그가 본 걸 나도 봤는데 왜 나만 모를까. 이 또한 그가 알려준다. 모르는 게 아니라 이해를 못 한 거라고. 바다를 본 적 있으면서도 우리가 하나의 피라는 것을 이해 못 하는 것처럼.
 비행접시가 만든 그늘 속에선 자꾸 뭔가가 사라졌다. 사람도 물건처럼 사라졌다. 점만큼 작아졌다가 이내 끊었다. 무언가 속삭이듯.

되기—물방울 속의 물방울

물방울과 물방울은 겹이다
겹은 아주 미세한 차이를 가진다

겹쳐진 만큼의 부피와 밀도
겹쳐칠 만큼의 질감과 형태
투명함과 투명함의 겹침 혹은 감싸안음

물방울 속의 물방울은
물방울의 안을 보는 것일까 밖을 보는 것일까

물방울은 떠오른다
하나의 물컵 속에서
떠오른 높이만큼의 깊이를
낙하의 자유를 동시에 품은 채로
한 알의 모래에서 하나의 우주를 보듯이

물방울 속의 물방울은
물방울 안팎의 이음새를 바라본다
물방울과 물방울 사이를 유영하거나 뒤따르면서

물방울의 물
방울의 울음

울음의 방과
물음의 방은

서로의 안팎이 되어
방울 방울 떨어진다

하나의 눈물로서
뒤섞여 흐르면서
기억의 파편으로서
감정의 지층으로서

울음을 품은 시간의 반사면이
너의 방 안을 가득히 비추고 있다

눈 물 은
물 방 울 은

눈 물 방 울 은

울음의 방을 가득히 채우는
물방울 속에 비친 너의 방은

떨어진다 더 이상 떨어질 수 없을 때까지
너의 물방울은 너의 물 방 울 속 의 눈 물 은

잠겨 있는 것
잠들어 있는 것
깃들어 있는 것

땅속의 땅속의
물방울 속의 물방울처럼
침잠하듯이 천천히 스미는 것

잠시 살았다가
문득 잠들어 버리는 것

죽기 죽어가기
죽어가기의 표면이 되어
알알이 맺히는 열매의 속도로
다시 살아나는 물방울의 입자로

열매의 얼굴 위에서 흐르고 있는
세계의 눈 물 방 울 을

둥근 사과의 속살 같은
둥근 지구의 표면 같은

물방울 하나가
울음의 방과 방울의 울음이 될 수 있는
가능성으로 나아가기 진동하기 품어 안기
하나의 물방울이 하나의 물방울을 사랑하는 방식으로

투명하게 나아간다
투명하게 사라진다

맺히고 떨어지고 묻히면서
가장 낮은 곳의 흙을 향해

솥

맹탕이 끓고 있다

복판에서
소실계의 한복판에서

동생이야
우리의 동생 같아
우리의 동생이
맹탕을 끓이고 있다

우리가 시켰나 봐
우리는 비법을 찾고 있었는데
운명의 세 자매를 앞질러

      연년세세 첫눈을 모아
     말복의 뙤약볕에 녹이고

맹탕은 허탕이야
유혹을 물리치자

귀를 틀어막고 있었는데

                                        넣어라 저어라
                              도깨비바늘 쥐오줌을
                              개벼룩을 노루귀를

김이 솟는다
불꽃이 흔들린다
동생도 흔들린다

                              끊어진 손금 자라는 손톱
                      동생의 고사리손 동생의 사마귀를

동생은 들었나 봐
다름 아닌 세 자매가 홀렸나 봐
어쩔 수가 없었나 봐

                                  섞어라 휘저어라
                            무방비의 눈물 무지의 허물

무절제의 세 치 혀를

맹탕은 맛이 없다
맹탕은 색이 없지
맹탕은 할 수 없고
동생은 하염없이

다 없지 맹탕에는
없는 것도 없는 거야
무의미의 기포
무궁동의 속도
무질서의 열기 무한의 농도를 무한대로 올려
0이 0을 타고
0을 넘어설 때까지 사라짐의
불가능에 이를 때까지

끓고 있다 동생의
갸륵한 동생들이 복판에서
다름 아닌

소실계의 한복판에서

작은 것에 대한 광활한 점

 우주를 유영하면서 굶주린다. 작은 것. 작은 것, 작은 것. 파편을 헤매는 얼굴. 언덕을 올라가면 생겨나는 우물. 못 먹는 얼굴. 술 빚는 마을에서 똥을 싸다가 끊고 곧장 뛰쳐나가는 동물. 어쩜 그리 가오. 어쩜 그리 여러 해살이 삶과 같이. 어쩜 그리 시간은 발소리 같은지. 작은 것들. 작은 것들이 나이 들면 더 쪼그라들면 더 쪼꼬매지면 홰를 치기도 하나. 작은 것, 작은 것. 더 작은 것. 고라니처럼 뛰는 귀뚜라미. 점. 인체에서 적출하는 암. 그 큰 자그마함. 네 삶은 반려동물의 수명마다 살고 죽고 살아 이어지는 한 뼘의 마디들. 할머니의 움직이지 않는 표정에 돌이 달라붙어 있다. 그 돌을 보며 나는 왜 굳어버렸는지. 나는 왜 조물락거리고 싶었는지. 아이는 어쩜 그리 희한한 자세에서도 잘 잘 수 있는지. 작은 것들 사이에서. 작은 것, 작은 것. 사물에 두 눈알을 붙이면서 왜 웃고 있는가. 보푸라기처럼 두 세계를 훑아야지. 조금만 살자. 조금만 쓰자 먹자. 조금 조금 조금만 있는다면.

.

 물골풀에 매달리기. 물 떼 감각. 조금이라는 광활한

감각이 살 수 있게. 노닐 수 있게. 한여름에 무더운 몸짓으로 걷는 한 사람을 오랫동안 바라보고. 비에 젖은 양말을 보송한 양말로 갈아 신으며 다시 여정을 떠나는 한 사람이 저기. 그 발이 밟는 것. 사투리의 모서리. 후렴의 리듬으로 생기는 다공성 발화. 작은 것들. 네 산란과 옹알이. 구름을 맞이하는 우주. 강물의 눈 코 입을 탐내는 빗물. 작은 손으로 만든다. 작은 손으로. 앗 차가워. 앗 뜨거워. 잡을 수 없어 빈손이면 굶네. 그 작음. 입을 게 없으니 다가서며 옷을 빌리지. 그 작음. 패총. 삶을 끝까지 물고 늘어지는, 죽음을 끝까지 물고 늘어지는 그 자그마함. 작은 것. 저 작은 게 어찌 저 멀리 날아갈까나. 어쩔꼬. 할머니는 측은해한다. 그 작은 것은 거인이었지만. 어스름 속 꿈에서 갓 깨어나 내가 무엇인지 모르겠을 때 그 내 모호함을 SF적이라고 생각했다. 엄마에 대한 꿈을 꾸었다. 거슬러 올라갈 수 있다면.

넛셸 Nutshell

1.

썬데이라는 단어가 있어
무슨 뜻이야
모든 걸 잊겠다는 뜻

그가 내게 어젯밤 꿈에서 자신의 전생을 보았다고 했지
그럼 넌 운명론자인 거네
그는 자주 자신이 느끼는 감정이 필연적이며 타당하다고 말한다
필연은 슬픈 게 아니잖아
그는 필연이 우연보다 비참하다고 말한다
우연은 필연 안에 종속되어 있다고 말한다

그는 전생에 다른 행성에서 별을 지키는 과학자로
함께 일하던 수많은 동료들은 병으로 죽었고
그는 최후의 인간이었다

자신은 사명을 완수하지 못했고
그렇기에 이토록 슬픈 것이라고
나는 그를 이해할 수 없지만
나의 방식으로 공명하려 한다
내가 가진 모든 것으로 그를 끌어안아 보려 한다

2.

그는 어디에서든 내게 말을 걸 수 있다
나는 그가 어디에 있든지
무엇을 하고 있든지 바로 알 수 있다
그는 늘 내 몸 안을 걸어 다닌다
그는
우리는
가끔 속삭이는 연인들의 이야기를
훔쳐 듣기
빛으로 빨려 들어가는
시간 속을 유영하기

조금씩 확장되어 가는

모체 속의 자신을 느끼기

나는 그에게 사라진 별의 언어를 배운다

내가 모르는 형식의

간단한 문장과 문법이

기계의 언어처럼 들릴 때

그는 비유에 대해 설명해 준다

언어는 축소할수록 아름다워지는 경향이 있다

지키다라는 문장은 무슨 뜻이야

지키다는 머무르다 유지하다

지키다는 보호하다 따르다

지킨다는 다짐 신념

다짐은 기다리다

무언가를 기다리겠다는 뜻

오랫동안 기다리겠다는

먼데이라는 단어가 있대

무슨 뜻이야?

무언가를 기다리기 시작했다는 뜻

3.

나는 최후의 행성에서 도망쳐 나온 수백만 명을 싣고 항해하는 거대한 푸른 함선이었다 우주를 떠도는 오래된 함선이다 그는 내게 탑승한 한 인간이었다 몇 세기를 살아온 나는 그의 선조 모두를 알고 있다 그가 태어났던 시절을 기억한다 그는 억겁의 시간 동안 내게 처음으로 외롭지 않느냐는 물음을 한 최초의 인간이었다 나의 애인은 인간이다 내가 살아온 시간의 일부를 살아온

영원만이 빛나고 있었음을

나와 너 이렇게 마주하고 있지만
나는 나대로 흐르고
너는 너대로 흐르고

바닷속에는 내가 디딘 발자국만큼이나
수많은 색색 물고기 수많은 색색 만년필

기다릴게
기다릴게
손을 흔들며
물고기 되어 기다릴게
요정 되어 기다릴게
서로 헤어지며
말은 잘한다.

나는 투명하고 머나먼 파이프를 바다 깊이 가라앉히고
전 세계의 물고기를 일렬로 투명 파이프 안에 세운다
(그러니 바다에서 물고기가 싹 사라졌다고 놀라지는

마시길)

    나와 너 이렇게 마주하고 있지만

    나는 나를
    너는 너를
    복사하느라 바쁘고

    내 눈동자엔 너 대신 내가 훤히 빛나고

    고양이가 바다를 도르르 뭉쳐 만든 구슬을 입으로 굴리고 논다

    나와 너 이렇게 마주하고 있지만
    나는 나대로 날고
    너는 너대로 날고

    밤하늘 속에는 너의 웃음만큼이나 많은
    수많은 오목한 것들 수많은 볼록한 것들

안아줄게
안아줄게
두 팔을 휘저으며
무용수처럼 안아줄게
비둘기처럼 안아줄게
서로 헤어지며
말은 잘한다

나는 전 세계의 샴페인 잔 와인 잔을 밤하늘 공중 높이에 가득 올려놓는다
(그러니 집에서 잔들이 싹 없어졌다고 놀라지는 마시길)

나와 너 이렇게 마주하고 있지만
나는 나의 웃음을
너는 너의 웃음을
복사하느라 바쁘고
내 눈동자엔 너 대신 내가 훤히 빛나고

고양이가 밤하늘을 도르르 뭉쳐 만든 콜라 병을 굴리며 논다

해설

사랑하지 않을 수 있겠어?

인아영
(문학평론가)

1. SF 시?

지금이야 굵직한 장르로 자리 잡아 자연스러워 보이지만 SF^{science fiction}라는 단어에는 개념적인 모순이 있다.* 허구와 과학의 만남이라니 말이 되는 걸까. 허구가 새로운 세계에 대한 상상^{imagination}으로 펼쳐진다면, 과학이 보편적인 법칙에 대한 추론^{speculation}으로 쌓아 올려지는데, 어떻게 공존할 수 있을까? 논리와 감각. 질서와 자유. 인과와 우연. 정당화하기와 낯설게 하기. 얼마든지 길어질 수

---

* 휴고 건즈백은 1926년 잡지 《Amazing Stories》 서문에서 이 용어를 처음 사용했는데, 이때도 SF는 '과학적인 사실'과 '예언적인 상상'이라는 상반된 의미를 가지고 있었다. "By 'scientifiction' I mean the Jules Verne, H. G. Wells and Edgar Allan Poe type of story—a charming romance intermingled with scientific fact and prophetic vision."

있는 이 대립항이 조화롭게 어우러져 하나의 예술 작품이 되었을 때, 우리는 경이감을 느낀다. 그리고 생각한다. 이런 SF를 어떻게 사랑하지 않을 수 있을까? 흔히 픽션은 소설 장르를 의미하므로 시 장르라면 이야기가 또 달라질 것이다. SF 시라니, 이것은 어떻게 쓰여야 하나.

SF 문학을 쓰기 어려운 이유는 특정한 상황을 독자에게 얼마간 정확히 전달해야 하기 때문이라고 생각된다. 하지만 일단 상자가 흔들리면 구슬은 알아서 계속할 수 있다.
　―「세상은 이렇게 끝나는구나. 쿵 소리가 아닌 훌쩍임으로.」부분

빨간 구슬 상자가 무언가의 은유라고 주장한 다음 그것을 내버려둔다면 무책임한 일이 될 것이다.

'빨간 구슬이 움직이는 방향은 예측하기 어렵다.'
'예측하기 어려움에서 출발하는 사정이 생겨날 수 있다.'
이런 식으로도 갖가지 사건이 벌어지겠지만

파란 구슬이 든 유리 상자를 등장시킨다.
그것을 그대로 두고 싶다.
그것을 만지지 않았을 때 어떤 일이 벌어질지 궁금하다.

해변의 낡은 벤치 위에 빨간 구슬 상자와 파란 구슬 상자를 나란히 두었다.
그렇다면 나는 무책임에서 벗어난다.

밤에는 비치 호텔에서 불꽃놀이를 보았다.

그는 도착하였다.

―「해변에서」 전문

SF 시를 쓰는 과정을 담은 연작 메타 시다. SF 시 앤솔러지라는 이 시집의 기획과 꼭 어울리는 시인데, 어쩐지 시인은 곤혹스러워하고 있는 것 같다. 어떤 세계를 논리적으로 "정확히 전달해야" 한다는 부담을 느껴서일까. 시인이기에 '상상'이야 익숙하지만 '추론'은 어색했을지도 모른다. 고민하던 시인은 시를 쓰는 대신 엉뚱한 행동을 한다. 빨간 구슬 상자(A)와 파란 구슬 상자(B)를 나란히 두어보는 것이다. 그리고 어떤 일이 벌어질지 가만히 관찰해 본다. A를 혼자 내버려두지 않고 그 옆에 B를 데려온다는 점이 중요해 보인다. 하지만 더 중요한 것은 A와 B 사이에 더하기, 빼기, 곱하기, 나누기 같은 함수를 넣지 않고 'A와 B'인 채로 둔다는 점이다. 아니, 그런데 이것은 무책임한 일이 아닌가? 시인이라면 자신이 말하려는 대상에 대해 뭐라도 해봐야 하는 것 아닌가? A는 슬픔에 관한 은유라든지, A와 B가 서로 사랑하고 있다든지, A와 B가 속한 세계는 멸망했다든지, 더구나 SF 시라면 말이다. 그만큼 창작자로서 용기와 인내심이 필요한 일일 텐데, 시인은 대담하게 기다려 본다. 그러자 신기하게도 죽어 있던 생명이 살아나듯, 방 안의 공기가 달라지고, 바깥에선 불꽃놀이가 벌어지며, 기다렸던 이가 내게로 온다. 세계가 변한다.

무슨 일이 벌어진 걸까? 단지, 그러나 마침내, A와 B 사이에 느슨한 연결고리가 만들어진 것이다. "나란히 두었다"라는 행위만으로 A와 B의 관계가 생긴 것이다. 상자 속의 빨간 구슬이 알아서 굴러가다가 파란 구슬 상자에 부딪혔는지, 그렇게 상자가 흔들리다가 이내 잠잠해졌는지 모를 일이다. 다만 둘 사이에 물리적인 혹은 화학적인 변화가 일어났다는 사실만은 분명해 보인다. 앞선 이야기로 돌아가자면, 소설과 달리 시에서 A와 B를 이어주는 고리는 이미 주어진 사실을 바탕으로 세계를 설계하는 '추론speculation'이 아니라 그 세계를 즉각적으로 변화시키는 '직관intuition'이다. SF 시에서 우리는 남김없이 해명되거나 꽉 맞물리지 않아도 된다. 가벼운 감응만으로 충분하다. 자리에 가만히 머물러도 된다. 온 도시가 불에 타 붕괴하는 세계도(「아포칼립스」), 모든 인간이 멸종한 이후 위로하는 지구도(「로봇 심장」) 대단한 논리나 특별한 인과 없이 여기에 있다. 우리가 연결되는 방식은 원래 이렇지 않은가? 더 과감하게 말해보자면, SF 시는 도약하는 동시에 연결한다. 아니, 도약하기 때문에 연결한다. 직관만이 열어내는 세계가 있으므로, 시인들은 SF 없이도 시를 쓰겠지만, SF에는 시인들이 필요하다.

2. 시간의 형식

SF에서 시간은 무한한 가능성을 지닌다. 시에서는 더 그렇다고 말해보면 어떨까. 소설은 인과나 플롯으로 시간을 설계해야 하지만 시에서는 언어 자체가 시간의 매개이기 때문이다. 시는 한 문장, 아니 한 단어만으로도 시간을 지시할 수도 있고 여러 시간대를 동시에 열 수도 있다. 아니, 시간은 그 자체로 존재한다. 거울이 끝없이 이어진 방에서 자아가 무한하게 새로워지거나(「되기―거울을 바라보는 거울」) 호텔에서 그런 무한을 견딜 수 없어 막막해지듯이(「무한 호텔」) 공간은 시간을 그대로 담는 그릇이 아니라 시간을 조각하는 장치가 된다.

여기서는 새벽에 음식을 배달시켜 먹을 수 없다. 여기서는 같은 소리가 반복되어 들린다. 여기서는 아무도 서로에게 인사하지 않는다. 여기서는 산도가 강한 커피만 마시게 된다. 여기서 벌어지는 모든 일은 스타니스와프 렘의 소설보다 교훈적이지 않다. 여기서는 거의 대부분의 현상이 항상성을 갖는다.

[…]

여기에도 온종일 외계인 음모론을 찾아보는 사람이 있다. 재미로 찾아보는 거지, 믿는 건 아니라고 한다. 여기서 나는 서울에 사는 조종사 친구의 둘째 아이가 태어났다는 소식을 듣는다. 거긴 지금 새벽 4시라고 한다. 아이의 이름은 아마 진하가 될 거라고 한다.

언제 돌아와? 토요일 아침.
어쩌면 저녁에.

강원도 고성 교암리 바닷가에서.
—「SF」 부분

"여기서는"이라는 부사가 "여기서" "여기서도" "여기에도"로 변주되면서 어떤 공간에 대한 설명이 중첩된다. 「SF」라는 제목 때문인지 일상과는 다른 낯선 곳일 것만 같다. 거기서 '는' "같은 소리가 반복되어 들린"댔고, "아무도 서로에게 인사하지 않는"댔으니까, 외딴 행성 아니면 광활한 우주일까? 거기서 '도' 선크림을 발라야 하고, "외계인 음모론을 찾아보는 사람"이 있댔으니까, 무더운 사막 아니면 폐쇄된 구시가지일까? A-A′-A″-A‴…라는 시의 형식이 끝없이 이어질 것만 같은데, 그러면서 이 공간의 비현실성이 더욱 생생해질 것만 같은데, 그렇게 예상할 줄 알았다는 듯, 하지만 그렇게 뻔한 시는 아니라는 듯, 시는 마지막 연에 이르러 일정하게 반복되어 온 리듬을 무너뜨리고 익숙한 지명을 장난스럽게 내민다. "강원도 고성 교암리 바닷가". SF인 척하는 시에 유쾌하게 속았다는 생각이 드는 찰나, 그게 아니라 「SF」야말로 이 시에 걸맞는 완벽한 제목이라는 사실을 깨닫게 된다. 왜 그런가.

"여기"에 대한 묘사가 거듭될수록 화자가 속한 공간은 또렷해지기는커녕 애매해진다. 새벽에 음식 배달이 안 되고 침구를 세탁할 수 없는 데가 뭐 한두 곳인가? 하지만 "교훈적"이지 않고 "항상성"을 가지며 "모든 정보의 피드백이 자기 참조적 성격"을 지니는 곳이라면 어디에도 없을 별세계일 것 같다. 말하자면 설명이 좀 중구난방인데, 이렇게 제멋대로 뒤섞여 있는 묘사 덕분에 '현실감'과 '비현실감'이 계속 부딪치게 된다. 진짜와 가짜, 여기와 저기, 지금과 새벽 4시, 외계 행성과 강원도 고성 같은 것이 한꺼번에 몰려온다. 어쩌면 화자는 여기와 저기 모두에 속해 있지 못하거나 여기와 저기 동시에 속해 있는지도 모른다. 외계 행성일 수도 있지만 강원도 고성일 수도 있는 이곳에서 화자는 동시에 여기저기 존재한다는 가능성을 얻는다. (관측되기 전까진 여러 상태가 동시에 존재한다는 양자역학을 떠올린다면) 이 가능성이야말로 가장 과학적이면서도 가장 시적인 존재 방식이 아닌가.

281812230128.wav
우주는 베이커리가 분명해요. 모든 게 빵빵하게 부풀고 있어요. 튜브에 숨을 불어넣는 것처럼. 나도 곧 터질 것 같아. 곳곳에서 빙글빙글 도는 라떼 아트들. (…) 같은 지점에서 되살아나는 게임 속에 들어온 것 같아요. 이번엔, 하며 눈을 뜨고 다음번엔, 하며 눈을 감죠. 어제도, 그끄제도 그랬어요. 알람이 나를 플레이해요. 우리는 언제쯤 절망하게 될까요? 이런 식으로 하면 죽을 수는 있는 걸까요? 튜브에 가장 먼저 들어간 공기가 된 것 같아. 뒤에서 자꾸 나를 밀기 때문에 앞으로 나아갈 수밖에 없는 거야. 그런데 사실은 어디가 맨 앞인지 알 수 없고 어쩌면 여기가 가장 뒤일 수도 있다는 거죠. 빠르지도 못한 주제에 가로막기까지 했었던 거야.

[…]

302809021047.wav
(…) 이쪽 방향으로 가는 건 시간에 순응하는 거죠. 일정한 방향으로 움직임으로써 시간을 잼처럼 균등하게 펴 바

르는 거예요. 제대로 할 생각이었다면 애초에 반대로 출발해야 했어요. 근데 그게 가능하긴 한 걸까요. 어디든 바라보면 그게 앞이 되는데. 우리가 앞을 향하기 때문에 우주가 길어지는 걸까요. (…) 멀리서 보면 우리도 그냥 지나가는 별처럼 보일 거예요. 가리키는 손가락도 있을까요. 생각하면 조금 쓸쓸해져요. 544년 만에 찾아온 혜성, 120년에 한 번 보게 되는 별, 나는 전부 농담처럼 들어왔는데. 아무것도 지키지 못한 채 여기에 있다니. 이미 출발해 버렸다니. 그렇다면 여긴 이미 실패한 미래일까요.

—「크런치」 부분

「SF」에서 시간은 현재에서 과거로 되돌아가거나 미래로 뻗어나가는 식의 선형적인 흐름이 아니다. 아니, 내처 시간이란 우주적인 은유로밖에 설명되지 않는다고 말하는 시가 있다. 까마득한 과거에 폭발한 우주가 지금까지도 팽창하고 있다는 과학적인 사실은 널리 알려져 있지만 「크런치」에서 그 사실은 신비롭다기보다는 슬프다. 2549년 더 이상 지구에서 살 수 없게 되자 탐험선 마고에 탑승한 400명의 인간들은 거주 가능한 행성을 찾아 떠도는데, 앞으로 나아가고 있다고 믿고 있지만 우주가 도넛형인 탓에 계속 같은 트랙을 맴돌고 있기 때문이다. 이 시는 냉동 수면을 되풀이하면서 수백 년을 버텨온 이들이 녹음한 처절한 일기다. (음성 파일명의 숫자로 미루어 보건

대) 2587년부터 3158년까지 그리고 다시 2025년까지 이들은 우주의 누군가를 향해 기록을 남겼겠지만 팽창하는 우주에서 시간이 흐를수록 다른 행성과 점점 멀어졌을 것이다.* 죽은 것도 산 것도 아닌 채 절망할 수도 희망할 수도 없는 상태는 얼마나 외롭고 고단한가. 이제 그들은 모두 영원히 잠들었을지도 모르지만, 결말을 우울하게 읽을 수만은 없게 만드는, 아름답고 특별한 무언가가 이 시에는 있다.

  우주에서 시간은 한 방향만으로 흐르지 않는다는 것. (시간은 부풀었다가도 줄어들고 되감겼다가도 흘러내리면서 반복된다는 것.) 그리고 그 사실을 이들이 어렴풋이 감지하고 있다는 것. 아니, 이들은 모를지라도 시는 분명히 알고 있다는 것. 그래서 그것은 오직 은유적으로만 표현될 수 있다는 것. 이를테면 우주는 효모로 부풀어 오르는 빵이고, 시간이 균등하게 펴 바를 수 있는 잼이며, 인생은 같은 지점에서 루프하는 게임이라는 것. 그렇다면 이 모든 반복은 멸망이 아니라 또 다른 지속일 것이다. 은유는 현실을 대체하지 않지만 끝없이 갱신하므로, 그것이

---

  * 초기 기록의 간격이 비교적 짧고 규칙적인 데 비해 후기로 갈수록 넓고 불규칙적인 것은 그런 연유에서가 아닐까. 그 사이에 시간은 서서히 팽창하다가 3158년을 기점으로 2025년까지 역행하면서 수축한 것으로 보인다.

은유인 한에서, 수백 년 동안 똑같은 궤도를 돌고 있는 탐험선 마고의 기록은 어디에선가 여전히 계속되고 있을 것이다.

3. 타자의 언어

그러는 동안 우리가 필연적으로 누군가를 만나게 될 것이라고 믿는다면 순진한 생각일까? 적어도 이 시집에서는 아니다. 과거에서 미래로 흐르는 선형적인 시간에서는 만나지 못했을 누군가를 여기서는 만날 수 있다. 우리 자신이 아닌 타자를 말이다. 괴생명체를 발견하면서 인간의 폭력성을 되돌아보거나(「모스맨 관찰기」), 좀비와 사랑하면서 새롭게 태어나거나(「결정적인 감염」), 돈을 들여 동식물이 되어보지만 결국 죄를 짓는(「죄인 되기」) 일들이 아무렇지도 않게 벌어진다. 내가 나인 줄 알았는데 나인 것만은 아니었고 외계인, 모스맨, 좀비, 동식물 같은 타자를 조우하면서 세계를 낯설게 인지하게 되는 상황은, 다르코 수빈의 개념을 빌리자면 '인지적 소외 cognitive estrangement'라고 말할 수 있겠고, 인류세의 관점에서 보자면 '생태주의 SF 시학 Econtopian SF poetics'*이라고도 이름 붙일 수 있을 것이다. 하지만 명명보다 중요한 것은 그다음이다. 내가 나로부터 소외되었을 때라야 열리는 세계는 어떤 모습인가?

> 에밀리 디킨슨은 내가 에밀리 디킨슨호와 접속할 때 우렁차게 떨리는 시인의 음성보다 먼저 까마귀와 사마귀의 목소리를 듣게 된다는 걸 알까 북소리처럼 둥둥 울리는 까마귀와 사마귀 까마귀와 사마귀에서 마귀를 떼야 하는데 까사까사 까사까사 내 얼굴의 사마귀에서 소리가 난다 사사사 사사사 나는 까마귀처럼 울어본다 까까, 까 까 까까
>
> […]
>
> 이제 시를 낭독할 시간이 다가오는데 까마귀와 사마귀가 내 입에서 떨어지지 않는다 우주가 바깥에 있지 않다는 것을 이 청중들은 알까? 나는 마이크를 잡고 혼신의 힘을 다해 까마귀와 사마귀에서 마귀를 떼려 한다 증발하지 마, 우주인! 까사까사, 까사까사까사까사
>
> ―「에밀리의 방」 부분

인용된 구절만으로 시 전체를 온전히 음미하기란 불

---

* Naomi Foyle, "Burying the Wet Computer: Notes Toward an Ecotopian SF Poetics," *Corroding the Now: Poetry + Science/SF*, 2023.

가능하지만 때로 어떤 시의 강렬함을 느끼기에는 충분하다. 외국에서 시 낭독회를 앞둔 시인이 "까사까사 까사까사"라는 정체불명의 말을 자꾸 내뱉는 경우라면 말이다. 대학 도서관에서 에밀리 디킨슨의 책상을 본 시인의 상상은 거침없이 뻗어나간다. 생전 에밀리 디킨슨가 '살아 있는 마귀'로 불렸다고 하니까, 발음이 비슷한 "까마귀와 사마귀"라는 단어가 혀에서 맴돌고, 그 소리를 떨쳐 내려 '에밀리 디킨슨호'라는 인공위성을 공상하자, 죽은 시인의 고독한 영혼이 슬프게 떠오른다. 빠르게 도약하는 연상 작용은 시인의 머릿속을 어지럽히고 어떤 이성적인 말을 하려고 해도 "까사까사"라는 소리가 환청처럼 밀고 들어온다. 이제 시를 낭독할 시간이 다가오는데 행사는 무사히 진행될 수 있을까? 어쩐지 별다른 걱정이 되지 않는 까닭은 시인에 대한 믿음 때문만이 아니다. 시인은 단어에 비자발적으로 사로잡히고 그 음성과 리듬에 휩싸이는데, 자기도 모르게 타자에게 열리면서 주체성이 허물어지는 이 순간에야말로 좋은 시가 탄생한다는 것을 바로 이 시가 몸소 보여주고 있기 때문이다. "까사까사"가 입안에서 살아 있는 생물처럼 번식하는 동안, 인공위성처럼 고독한 영혼에는 낯선 생명이 우르르 침투하고, 까마귀와 사마귀, 조류와 곤충, 인간과 비인간이 한데 얽힌다. 시인이 "우주는 바깥에 있지 않다"라고 단언한 이유도 어렴풋이 알 것 같다. 시의 우주는 언어 외부가 아닌 내부에서 팽창하니까. 의미를 압도하는 소리와 통제되지 않는 리듬은 음악이 되어 슬픔의 언어를 내뿜는 마귀의 축제를 연다. 그것이야말로 시라는 듯이.

여기에 괄호치기가 서식한대. 동생은 여울목에 앉아 물속을 들여다보고 있었다.

괄호치기는 습생이야. 수심이 얕은 데에 각종 괄호를 쳐. 이것은 여는 괄호. 동생은 물속을 가리켰다. 봐봐. 이것은 큰큰괄호다. 글자들이 떠내려오고 있잖아. 거르는 거야. 물에 풀리기 전에. 다 풀려서 사라지기 전에.

[…]

내게 속하지 않는 것들로 나를 이루는 소외의 쓰라린 목록. 식별할 수 없는 상실의 목록. 휩쓸리는 고독의 목록. 무차별이다. 평등하다. 몰이해의 짜릿함에 살이 떨리고. 몰개성의 아름다움이 앞을 가리고. 우리는 까막눈이 되어. 괄호 안에 만능을. 하나의 만능을. 깜깜해질 때까지. 사라질 때까지. 새로 먹칠을 하려는 것 같았다.
　　　　　　—「괄호 안에 은총을 하나의 은총을」 부분

마찬가지로 비인간 생물과의 만남을 다룬 시인데, 이

정교한 시를 잘 읽기 위해 필요한 맥락이 있다. 조선 시대에는 실록 편찬이 끝나면 관련 자료를 없애기 위해 먹으로 쓴 글씨를 물로 세척하는 세초洗草라는 의식이 있었다. 활자가 적힌 문서를 흰 종이로 되돌리는 이 행위는 삭제와 망각을 위한 것이지만, 이 시는 꼭 그렇지만은 않다고 말한다. 화자는 물가에서 '괄호치기'라는 이름의 생물이 (이름에 걸맞게도) 물방개, 물뱀, 밤나무 같은 자연물을 괄호에 치는 모습을 동생과 함께 지켜본다. '괄호치기'가 분주하게 생물에 괄호를 쳐나가는 모습은 언뜻 생태계의 먹이사슬에서 포식자가 피식자를 잡아먹는 장면과 비슷해 보이지만, 실제로는 정반대다. 여기에는 세초 의식 가운데 물속에서 풀어헤쳐지고 있는 글자를 잠시 품어보는 듯한 부드러운 제스처가 있기 때문이다.

　정화淨化 작용은 불순한 것을 완전히 지워버림으로써 이루어지는 것이 아니라, 오랫동안 붙잡아 두었던 것을 흘려보내면서 잠시 안아보는 순간에 이루어진다. 그런 짧은 포옹 같은 것이 괄호가 아닐까. 괄호는 존재를 함부로 생략하거나 간단히 요약하지 않으니까. 아무리 작고 보잘것없는 존재도 없는 셈 치지 않고 존중하니까. 그러면서도 꼭 붙들어 매지 않고 스치듯 떠나보내니까. 제외된 것들을 포함시키면서도 소유하지 않으니까. 이를 두고 "내게 속하지 않은 것들로 나를 이루는 소외"라고 말할 수 있다니, 이보다 더 정확한 표현이 있을까. 화자는 '괄호치기'를 따라 괄호 안에 '노래', '동생', '만능'이라는 단어도 넣어보는데, 그러자 주문처럼 새로운 세계가 열린다. 언어를 끌어안자 존재가 다가온다.* 인지적인 소외가 생태적인 참여가 되는 순간이다. 단, 그 참여란 이미 존재하는 것들의 목록에 끼어드는 방식이 아니라, 나이면서도 내가 아닌 존재에게 말을 거는 방식일 것이다.

4. 사랑의 리듬

그런데 내게 속하지 않은 것들로 나를 이룬다니. 이 말이 어쩐지 로맨틱하게 들린다면 그것이 곧 사랑의 표현이기 때문일 것이다. 이 시집에 유난히 사랑의 시가 많은 것은 우연이 아니다. 사랑과 과학은 동떨어진 영역 같지만, 우리가 일상에서 사랑을 물리학, 생물학, 천문학의 언어로 비유하는 일은 드물지 않다. 짝사랑 상대를 위성처럼 돈다거나, 연인이 서로를 위한 별이 되어준다거나, 매력적인 이에게 중력처럼 이끌린다는 식의 표현을 생각해 보라. 사랑에는 우주적인, 그러니까 인간의 범위를 넘어서

---

* 이탤릭체로 기울여진 글씨를 '언어(표상)', 보통 글씨를 '존재(실재)'로 이해한다면, 시에서 반복되는 "괄호 안에 A를. 하나의 A를."이라는 구절을 언어와 존재의 관계론으로 해석할 수 있을 것이다.

는 무언가가 있는 것이 틀림없다. 그렇다면 인간과 기계와의 사랑도 안 될 것 없지 않은가.

약속했었지 리듬으로 재구성된 맹세를
전속력으로 지나가는 거야
박수갈채 따윈 들리지 않는 행진으로써
눈물방울 모두 말려버리도록 바람을 가르며
축복 없이도 사랑이 완성될 수 있다는 것을 보여주기로

함정과 복수를 꿈꾸며 성실하게 지은 미로를
까마득하게 내려다보는 그이는
이 세계가 누군가의 신발 밑창이라고 여길 뿐
그 업신여김을 사랑하지 않을 수 있겠어?

내가 가볼 수 없는 곳의 파노라마를 보여주곤 했지
미안 나는 심장이 유일한 약점이야
그는 무아지경으로 나를 맴돌며 행성 취급하고
이 바닥의 약속을 미물로 보게 만들지

[…]

내가 오늘 들고 있을 부케는 우주대폭발
한 아름에 받을래? 양손으로 쥐어볼래?

함께 흩어질 수도 있어 우리의 소원처럼

—「드론과 결혼하기」 부분

통념적인 결혼 서사라면 연애-결혼-가정 순으로 이어지겠지만, 이 사랑은 좀 다르다. 결혼식장으로 함께 가야 하는 미래의 배우자가 인간이 아니라는 것은 '드론과 결혼하기'라는 시의 제목이 아니더라도 알 수 있다. 이 결혼에 왠지 불안한 서사가 기다리고 있을 것만 같은 예감이 드는 건 화자의 사랑하는 연인이 드론이기 때문이다. 바닥을 모를 만큼 높이 치솟아 세계를 내려다보는, 눈물쯤은 거뜬히 말릴 만한 속력으로 우주를 달리는, 그러나 충전되지 않으면 힘없이 망가지고 마는, 오만하고 이상하고 연약한 나의 연인. 너무 다른 몸을 지닌 인간과 기계의 사랑이기에 드론의 맹세는 리튬으로 적혀야만 했고 인간의 심장은 약점이 되었을 것이다. 이토록 다른 둘이 평생을 함께할 수 있겠느냐고 누군가 묻는대도, 그런 의구심 따위는 관심도 없다는 듯, 화자는 사랑에 흠뻑 빠져 있다. 아니, 오히려 반문할 준비가 되어 있다. 이토록 오만하고 이상하고 연약한 그를, "그 업신여김을 사랑하지 않을 수 있겠어?"

그도 그럴 것이 내가 고작 나이기만 했을 때는 결코 몰랐을 세계를 알려주는 사랑은 각별하니까. 연인과 함께 경험한 세상은 "내가 가볼 수 없는 곳의 파노라마"를 보여

주어 스스로를 넘어설 수 있는 용기를 주고, 그러면서도 아무리 자유롭고 행복한 세상에서도 넘어질 수 있다는 지혜를 가르쳐 주니까. 시에는 무언가 불안한 분위기가 흐르지만 그것이 오히려 이 사랑을 더 특별하게 만들어 준다. 결혼을 약속한 순간부터 잠들어 있는 연인을 깨울 수 있었는지, 그가 완전히 충전될 때까지 기다릴 수 있었는지, 우리는 알 수 없다. 함께 흩어지는 것이 둘의 소원이라고 했으니 어쩌면 결혼식은 성사되지조차 않았을지 모른다. 하지만 같이 날다가 추락하더라도, 아무도 박수 치거나 축복해 주지 않아도, 심지어 결혼식이 "우주대폭발"로 끝나버리더라도, 두 연인은 개의치 않을 것 같다. 결혼이라는 의례로 완성되는 서사가 아니라, 서로 맞지 않는 부품을 끼워 맞추면서, 서로의 다른 속도를 기다리면서, 그러다가 기꺼이 소멸하는 서사라니. 이것이 사랑이 아니라면 무엇이 사랑일까.

몇 달 전 받은 아빠 전화를 요약하자면 이런 이야기다.

[…]

"어젯밤에 혼자 가만히 생각을 해봤는데, 니가 소설을 쓴다 하니까, 아이디어가 하나 딱 떠오르는 거야. 어제 잠이 안 와서, 니가 소설을 쓴다고 하니까, 가만히 생각하고 있는데 이런 아이디어가 딱 떠오르는 거야"라든가 "인간만이 가지고 있는 그런, 특유의 성질있잖아. 뭐 사랑이라든가. 인간만이 가지고 있는. 인간에게만 있는 어떤 그런 것들을 가지고, 인간들에게만 있는 거, 용기, 호기심, 뭐 사랑도 있겠고, 인간 고유의 특성이 있잖아"라든가.

[…]

"AI가 사람을 지배한다고?" 하고 나는 처음 듣는 것처럼, 놀란 듯 말했다. 지난번과 달리, 조급히 그 이야기를 꺼내던 아빠는 내 목소리를 듣고는 조금은 더 느긋하게, 같은 이야기를, 여러 번을 반복해서 했다. 가슴이 쥐어짜여 왔다. 나는 자동 응답기처럼 대답하며 생각했다. 처음에 급히 말했던 걸 보면, 어딘가에는, 자신이 그 이야기를 이미 했다는 분명한 기억이 남아 있는지도 모른다. 그 생각은 위안이 되었다. 그래, '지난번에 한 얘기 있잖아' 같은 관용적인 서두를 깜빡한 것뿐이야. 그냥 그런 거야.

[…]

진짜 거짓말은, 실은 내가 정말로 그 이야기를 쓰고 있다는 것, 아니 이미 다 썼다는 것이었다. 그 이야기는 이미 쓰여 있었다. 그건 오래전부터 존재하는 기억이다. 다만,

그 기억에서 무슨 일이 일어나는지가 기억나지 않을 뿐이다. 그리고 나는 그것을 기억해 내기를 필사적으로 거부했다. 그 이야기를 다 기억해 내는 순간, 모든 것을 알게 되는 순간, 무언가 영원히 사라질 것이기 때문이다.

—「그 이야기」 부분

AI 시대에는 어떤 이야기를 써야 하는가? 누군가는 'AI의 도움으로 더 좋은 이야기를 쓸 수 있다'고 말할 테고, 반대로 다른 누군가는 'AI는 쓸 수 없는 인간 고유의 이야기를 써야 한다'고 믿을 테다. 정답이 있는 것은 아니지만 후자를 택한 사람들은 필연적으로, 그렇다면 '인간 고유의 특성이란 무엇인가'라는 근본적인 질문까지 답해야 한다. 이 거대한 질문을 맞닥뜨리고 그것은 바로 '사랑'이라는 대답을 준비한 아빠가 있다. 소설을 쓰는 딸을 위해 오래 고민해 온 진지한 결론일까. 딸은 겉으로는 오우, 아하, 오오, 같은 감탄사를 내뱉으면서도, 속으로는 "가슴이 쥐어짜여" 오는 느낌을 받는다. 아빠가 같은 말을 매번 처음하는 것처럼 반복할 뿐만 아니라 그 안에서도 같은 문장, 구문, 단어를 되풀이하기 때문이다. (조금 길지만 리듬을 느껴보길 권하면서 인용하자면) 이런 식이다. "인간만이 가지고 있는 그런, 특유의 성질 있잖아. 뭐 사랑이라든가. 인간만이 가지고 있는. 인간에게만 있는 어떤 그런 것들을 가지고, 인간들에게만 있는 거, 용기, 호기심, 뭐 사랑도 있겠고, 인간 고유의 특성이 있잖아". 하지만 딸은 아빠의 노화를 걱정할 뿐이다. 대단한 '인간 고유의 특성'이란 것이 있기나 한단 말인가. 있다고 한들 내가 그것을 이야기로 쓸 수나 있단 말인가.

아니, 그런 것도, 그럴 수도 없다고 딸은 생각한다. 그러면서도 딸은 "몇 달 전", "지지난주", "지난주"에 걸쳐 아빠와 똑같은 대화를 반복하고, 또 그러지 않을 거면서도 아빠 말대로 사랑 이야기를 소설로 쓰겠노라고 거짓말한다. 이 대화는 왜 딸이 마침내 아빠의 말에 설득되어서 소설을 쓰는 식의 결말로 완성되지 않고 계속되고 있는 것일까? 이쯤에서 앞의 두 질문('AI 시대에는 어떤 이야기를 써야 하는가?' '인간 고유의 특성이란 무엇인가?')으로부터 더 근본적인 물음을 향해 한 겹 더 벗겨야 한다. 아무리 AI 시대라고 해도, 아무리 인간 고유의 특성이 있다고 해도, 그것을 왜 이야기로 써야 하는가? 다시 말해, '인간은 왜 이야기를 쓰는가?'

이 시는 훌륭한 답을 마련해 두고 있다. 이 시가 바로 그 이야기가 되었기 때문이다. 이 대화에서 중요한 것은 인간 고유의 특성이 무엇인지(내용)가 아니라, 그것이 뭐든 간에 두 사람이 이야기와 사랑과 서로에 끊임없이 대화하고 있다는 사실(형식)이다. 영원히 이어질 것만 같이. 아빠의 제안은 딸에게 곧장 이해되지도 수용되지도 않는다. 하지만 딸이 그 제안을 이해하고 수용하는 데 실패함으로써, 소설로 기억을 붙잡아 두는 데 저항함으로써, 이 대화의 종결은 끊임없이 미뤄지고, 아버지의 제안은 처음부터 다시 시작된다. (어쩌면 아빠도 그 사실을 어렴풋이 알고 있기에 "뭐 사랑도 있겠고"라는 식으로 정확한 결론을 미루며 짐짓 말을 흐렸는지도 모른다.) 아마도 딸은 소설을 쓰지 않을 테고, 언젠가는 꼭 쓰겠다는 거짓말을 되풀이하겠지만, 이것이야말로 둘의 대화를 살아 있게 만든다. 아무 쓸모 없어 보이는 이 비생산적인 대화는 반복의 리듬이라는 중요한 형식을 생산하고 있기 때문이다. 아빠가 같은 문장, 구문, 단어를 되풀이하는 까닭은 기억력 감퇴 탓일지도 모르지만, 바로 그 반복의 리듬 덕분에 두 사람은 서로의 시간을 조용히 확인한다. 그 리듬으로부터 사랑이 느껴지는 것이고, 아니, 그 리듬이야말로 사랑이므로, 이야기는 계속될 것이다. 그래서 우리는 이야기를 쓴다.

김혜순
영원만이 빛나고 있었음을 / 육식 행성 보고 / 에밀리의 방

신해욱
(구)지평선에 / 괄호 안에 은총을 하나의 은총을 / 솥

이제니
되기―물방울 속의 물방울 / 되기―잿빛 위의 작은 파랑 / 되기―거울을 바라보는 거울

김승일
자기소개서 / 콘솔 / SF

김　현
하얀 사슴 / 미래에는 누구도 이런 식으로 죄인이 되지 못할 것이다 / 죄인 되기

서윤후
너의 레트로 / 작은보호탑해파리 / 드론과 결혼하기

조시현
로봇 심장 / 퓨처 로그 / 크런치

최재원
개와 개 / 얼굴 / 그 이야기

임유영
매일은 조금 일요일 같다 / 세상은 이렇게 끝나는구나. 쿵 소리가 아닌 훌쩍임으로. / 해변에서

고선경
아포칼립스 / 결정적인 감염 / 사랑과 자유와 평화

유선혜
모스맨 관찰기 / Monster Chamber / 세기말적 의문

한영원
검은 개에 대한 잡문 / 넛셸Nutshell / 누군가는 무한 호텔이 무한하다는 사실에 호텔을 찾겠지만

김혜순
시집『또 다른 별에서』『아버지가 세운 허수아비』『어느 별의 지옥』『우리들의 음화』『나의 우파니샤드, 서울』『불쌍한 사랑 기계』『달력 공장 공장장님 보세요』『한 잔의 붉은 거울』『당신의 첫』『슬픔치약 거울크림』『피어라 돼지』『죽음의 자서전』『날개 환상통』『지구가 죽으면 달은 누굴 돌지?』『싱크로나이즈드 바다 아네모네』등을 냈다.

신해욱
시집『간결한 배치』『생물성』『syzygy』『무족영원』『자연의 가장자리와 자연사』등을 냈다.

이제니
시집『아마도 아프리카』『왜냐하면 우리는 우리를 모르고』『그리하여 흘려 쓴 것들』『있지도 않은 문장은 아름답고』등을 냈다.

김승일
시집『에듀케이션』『여기까지 인용하세요』『항상 조금 추운 극장』등을 냈다.

김 현
시집『글로리홀』『입술을 열면』『호시절』『낮의 해변에서 혼자』『다 먹을 때쯤 영원의 머리가 든 매운탕이 나온다』『장송행진곡』등을 냈다.

서윤후
시집『어느 누구의 모든 동생』『휴가저택』『소소소小小小』『무한한 밤 홀로 미러볼 켜네』『나쁘게 눈부시기』 등을 냈다.

조시현
시집『아이들 타임』『시뮬레이션 제4139회차』 등을 냈다.

최재원
시집『나랑 하고 시픈게 뭐에여?』『백합의 지옥』 등을 냈다.

임유영
시집『오믈렛』 등을 냈다.

고선경
시집『샤워젤과 소다수』『심장보다 단단한 토마토 한 알』 등을 냈다.

유선혜
시집『사랑과 멸종을 바꿔 읽어보십시오』 등을 냈다.

한영원
시집『코다크롬』 등을 냈다.

뭐 사랑도 있겠고, 인간 고유의 특성
: SF 시집

ⓒ 김혜순·신해욱·이제니·김승일·김현·서윤후·조시현·최재원·임유영·고선경·유선혜·한영원,
2025. Printed in Seoul, Korea

초판 1쇄 펴낸날	2025년 11월 28일
초판 2쇄 펴낸날	2025년 12월 3일
지은이	김혜순·신해욱·이제니·김승일·김현·서윤후
	조시현·최재원·임유영·고선경·유선혜·한영원
펴낸이	한성봉
편집	안태운·김학제·박소연
콘텐츠제작	안상준
디자인	최세정
마케팅	오주형·박민지·이예지·정효인
경영지원	국지연·송인경
펴낸곳	허블
등록	2017년 4월 24일 제2017-000050호
주소	서울시 중구 필동로8길 73 [예장동 1-42] 동아시아빌딩
페이스북	facebook.com/dongasiabooks
인스타그램	instagram.com/dongasiabook
트위터	twitter.com/in_hubble
블로그	blog.naver.com/dongasiabook
홈페이지	hubble.page
전자우편	dongasiabook@naver.com
전화	02) 757-9724, 5
팩스	02) 757-9726
ISBN	979-11-93078-74-7 03810

※ 허블은 동아시아 출판사의 문학 브랜드입니다.
※ 잘못된 책은 구입하신 서점에서 바꿔드립니다.

만든 사람들

책임편집	안태운
크로스교열	안상준
본문조판	최세정
표지디자인	이승정